QUE SAIS-JE ?

W0346763

L'exception culturelle

SERGE REGOURD

Professeur à l'Université des Sciences Sociales de Toulouse.
Directeur de l'Institut de droit de la communication

DU MÊME AUTEUR
(dans le domaine de l'audiovisuel)

La télévision des Européens, La Documentation française, coll. « Vivre en Europe », 1992.

Droit de la communication audiovisuelle, PUF, coll. « Droit fondamental », 2001.

ISBN 2 13 053114 8

Dépôt légal — 1re édition : 2002, août

© Presses Universitaires de France, 2002
6, avenue Reille, 75014 Paris

INTRODUCTION

17 décembre 2001 : Jean-Marie Messier, le président-directeur général du Groupe Vivendi-Universal, déclare, à New York, que « l'exception culturelle française est morte ». Ces déclarations suscitent aussitôt, en France, une véritable tempête médiatico-politique. Les grands quotidiens nationaux y consacrent leur Une et d'importants dossiers en pages intérieures, les journaux télévisés en font leur titre d'ouverture, l'ensemble de la classe politique multiplie les déclarations circonstanciées, d'indignation et de récusation, le président de la République et le Premier ministre rivalisant notamment de formules vigoureuses pour stigmatiser les menaces contenues dans les propos de l'emblématique patron français parti à la conquête des « industries de l'imaginaire » au cœur de leur quartier général américain... L'ensemble des organisations professionnelles du cinéma et de l'audiovisuel anime, logiquement, le mouvement de protestation contre les paroles venues d'Amérique, de la bouche de celui qui avait pourtant incarné, quelque temps plus tôt, l'image du « champion national » encouragé par les milieux politiques comme le mieux à même de défendre les intérêts supposés conférer son sens à cette fameuse notion d'exception culturelle... Cruel paradoxe et saisissant bégaiement de l'histoire récente.

Cette notion, même si elle donne parfois lieu à des glissements, voire à des extrapolations sémantiques, correspond à une histoire et à un objet spécifiques : histoire inaugurée sur le plan lexical, ou rhétorique, une décennie plus tôt, dans le cadre des négociations dites de l'*Uruguay Round* entamées en 1986, au sein du GATT (*General Agreement on Tariffs and Trade :* Accord général sur les tarifs douaniers et le commerce), pour faire échapper l'audiovisuel et le cinéma à l'application des règles de celui-ci. Cet accord tenant alors lieu d'organisation mondiale du commerce, le cycle de négociations précité visait notamment à libéraliser le commerce international des *services,* au même titre que celui des marchandises[1]. Or, dans cette catégorie juridique des services, figurent les œuvres de l'esprit, particulièrement les œuvres cinématographiques et audiovisuelles, donnant lieu à un important marché international des images. Par opposition au principe de libéralisation internationale des échanges, inhérent à la négociation du GATT et aux finalités institutives de celui-ci, la France, au sein de la Communauté européenne, avait fait émerger la notion d'exception culturelle pour récuser l'application des principes du libre-échange à de telles œuvres, porteuses d'une identité culturelle et, à ce titre, non réductibles au statut de marchandises – ou de services – ordinaires.

L'idée – devenue slogan, grâce au prestige de certains de ses promoteurs comme François Mitterrand ou Jacques Delors, alors président de la Commission européenne – selon laquelle « l'audiovisuel n'est pas une marchandise comme les autres » a constitué le fondement politique sur la base duquel a été dégagée la notion d'exception culturelle, permettant à la France, et à l'Europe, de maintenir leurs systèmes juridiques d'organisation et de protection du secteur cinématographique et audiovisuel, en échappant aux principes libre-échangistes du GATT. Au terme de la

1. Sur la distinction des marchandises et des services, cf. *infra.*

négociation de l'*Uruguay Round,* ces principes de libéralisation du commerce international ont bien été élargis aux services (GATS) dans le cadre d'une nouvelle organisation internationale : l'OMC (Organisation mondiale du commerce), créée par les accords de Marrakech (1994) comme conclusion du cycle de négociations, sans qu'ils s'appliquent aux œuvres audiovisuelles et cinématographiques, que l'Europe avait voulu protéger.

Si la notion d'exception culturelle a bien été ainsi dégagée, de manière souvent aléatoire et contradictoire, dans le contexte des négociations internationales ayant abouti à la création de l'OMC, ses prémices sont, en réalité, bien antérieures. Elles remontent, pour l'essentiel, aux lendemains de la Seconde Guerre mondiale lorsque les accords franco-américains Blum-Byrnes, trop favorables aux importations des films américains en France, suscitèrent, déjà, un mouvement massif de protestation des professionnels du cinéma, ayant eu lui-même pour effet la mise en place des principaux dispositifs d'organisation et de financement du cinéma français dont l'exception culturelle vise précisément, ensuite, à assurer la pérennité.

Depuis lors, le cinéma et la télévision ont acquis une importance prépondérante en termes d'enjeux économiques et culturels. Les « industries culturelles » se sont caractérisées par des processus de marchandisation et de financiarisation de grande amplitude, liés à la diversification technique des supports de diffusion – câble, satellite, « nouvelles technologies de communication », internet et diffusion numérique – provoquant une multiplication exponentielle de l'offre d'images audiovisuelles. Le marché international, en pleine expansion, est ainsi le théâtre de processus de concentration économique historiquement inédits, caractérisés par la constitution de gigantesques groupes multinationaux et multimédia, au terme de processus de fusions-acquisitions dont le groupe Vivendi-Universal constitue l'une des illustrations les plus emblématiques. La pression exercée par la mondialisation du marché menace corollairement les systèmes nationaux de régulation de l'audiovisuel selon les mêmes logiques que celles qui remettent plus globalement en cause les compétences des États-nations au profit de vastes zones régionales de libre-échange, correspondant à des périmètres de libéralisation de plus ou moins grande amplitude.

Ainsi, si l'exception culturelle a été dégagée dans le contexte d'une négociation internationale à vocation universelle, correspondant au périmètre de l'OMC regroupant aujourd'hui 142 pays, ses fondements et ses finalités ont été, à plusieurs reprises, réactualisés, en riposte aux projets émanant d'autres instances internationales correspondant à des périmètres de libéralisation géographiques moins étendus, à l'instar du fameux projet d'AMI (Accord multilatéral sur l'investissement) négocié au sein de l'OCDE (Organisation de coopération et de développement économique) et regroupant les 29 pays les plus riches de la planète. Des périmètres plus étroits ont parfois été avancés, tel celui du NTM *(New Transatlantic Market)* correspondant à un dialogue direct entre l'Europe et l'Amérique. La Communauté européenne des Quinze est elle-même le siège de contradictions fortes quant à la validité de l'exception culturelle. Cette dernière participe, quoi qu'on veuille, de dispositifs juridiques protectionnistes, adossés au volontarisme de la puissance publique, alors même que la construction européenne, depuis le traité de Rome (1957), repose sur la prévalence de préceptes libéraux et du droit de la concurrence, approfondis par les traités ultérieurs et les interprétations de la Commission, son principal organe.

Les enjeux qui ont fondé l'émergence du concept d'exception culturelle apparaissent ainsi assez simples à appréhender : ils résultent de l'opposition irréductible entre, d'une part, des systèmes de régulation spécifiquement conçus et aménagés au bénéfice de productions nationales, et, d'autre part, des dispositifs de libre-échange transnational, fondé sur la prohibition des mesures de discrimination entre productions nationales et productions étrangères (Ire partie).

Les acquis de l'exception culturelle, ayant permis d'échapper à l'application des principes de l'OMC, restent cependant précaires, du fait même des conditions de leur mise en œuvre, ponctuée de remises en cause au sein de nouvelles négociations internationales, mais aussi des aléas sémantiques et des diversions rhétoriques frappant son contenu et sa portée mêmes (IIe partie).

PREMIÈRE PARTIE

LES ENJEUX DE L'EXCEPTION CULTURELLE

Les enjeux de l'exception culturelle se sont manifestés au moment de l'ouverture d'un nouveau cycle de négociations concernant le commerce international, mais la problématique qu'ils recouvrent renvoit à des fondements historiques antérieurs.

Chapitre I

AUX ORIGINES DE L'EXCEPTION CULTURELLE

I. – Le GATT et l'extension du libre-échange

Le concept même d'exception culturelle est apparu dans le débat public français en 1993 en même temps qu'une organisation internationale au sigle barbare – le GATT – accédait à la notoriété médiatique après que sa nature, sinon même son existence, eut été découverte par les professions artistiques et audiovisuelles et nombre de décideurs publics. Jour après jour, au cours de cette période, journaux télévisés et presse écrite avaient mis le GATT à la Une de l'actualité. D'abord grâce, ou à cause du fameux pré-accord de *blair-house* suscitant le courroux des agriculteurs. Ensuite, et surtout, en fonction, précisément, des périls provoqués par cette instance dans le domaine de l'audiovisuel et du cinéma. C'est pour conjurer ces périls que les organisations professionnelles représentatives et les sociétés d'auteurs ont forgé l'argument en défense de l'exception culturelle dont le retentissement médiatico-politique allait connaître une amplitude d'autant plus forte qu'elle bénéficiait d'une union sacrée de l'ensemble de la classe politique française.

Pour prendre la mesure des enjeux en cause et dégager la signification spécifique de l'exception culturelle ainsi forgée contre les dispositifs du GATT, il convient logiquement d'identifier cette instance internationale, en revenant brièvement sur son origine historique et ses principales caractéristiques.

1. **La construction néolibérale de l'après-guerre.** – Le GATT n'était pas, à proprement parler, une authentique organisation internationale, mais, comme l'indique son appellation – *General Agreement on Tariffs and Trade* –, un accord général sur les tarifs douaniers et le commerce, conclu au lendemain de la Seconde Guerre mondiale, dans le contexte de la restructuration d'un ordre juridique international libéral, fondé, déjà, sur les principes et les valeurs du libre-échange.

Le système international économique dont le GATT devait constituer l'un des éléments trouve, en réalité, ses premiers fondements durant le déroulement même du conflit, comme expression d'une volonté principalement anglo-américaine. L'accord entre les deux grandes puissances se présente, à l'origine, en forme de compromis entre leurs intérêts respectifs : les États-Unis voulaient obtenir la libéralisation la plus large possible des échanges internationaux selon les préceptes de la libre entreprise, la Grande-Bretagne se proposait d'atteindre d'abord des objectifs internes liés aux nécessités de l'effort de guerre et aux reconstructions subséquentes. Cet accord s'est réalisé progressivement, à partir de la rencontre d'août 1941 entre Roosevelt et Churchill, et la Charte de l'Atlantique, formulant le principe de « l'égal accès au commerce et aux matières premières », en passant par le célèbre « accord d'aide mutuelle » – *Mutual Aid Agreement* – de février 1942 qui institue le système du « prêt-bail ». Celui-ci constitue le premier cadre juridique de reconstruction des échanges internationaux, au terme duquel les États-

Unis acceptent de soutenir massivement l'effort de guerre de la Grande-Bretagne dès lors que cette dernière s'engage, en contrepartie, sur le terrain de la libéralisation du commerce international. L'objectif, clairement énoncé, consiste, déjà, à « éliminer toutes les formes de traitement discriminatoire en matière de commerce international [et] réduire les tarifs douaniers et autres barrières commerciales ». Ces étapes annonçant le nouvel ordre libéral de l'après-guerre auraient dû conduire à la création de l'Organisation internationale du commerce (OIC), comme elles ont conduit, de manière complémentaire et concomitante, à la création du Fonds monétaire international (FMI) et de la Banque mondiale, dans le cadre de la conférence de Bretton-Woods (juillet 1944).

Les statuts de l'Organisation internationale du commerce furent bien établis avec l'adoption de la Charte de La Havane, en 1948, signée par 56 États. Mais ce traité, qui visait à créer le troisième pilier de l'ordre néolibéral aux côtés des piliers monétaire et bancaire, ne fut jamais ratifié en raison du refus des États-Unis lui reprochant, *in fine,* des dispositions insuffisamment libre-échangistes. Si, faute de ratification du traité constitutif, l'OIC ne put voir le jour, une partie dudit traité allait en tenir lieu de succédané : entre-temps, en effet, avait été conclu à Genève, en 1947, l' « accord général sur les tarifs douaniers et le commerce » – ou GATT –, initialement conçu comme provisoire et correspondant seulement au chapitre IV de la Charte de La Havane, relatif à la « politique commerciale ».

Le provisoire devait se pérenniser mais, évidemment, avec des modalités d'organisation et, surtout, avec un champ de compétences ne recouvrant pas les ambitions initiales du projet d'organisation internationale du commerce. C'est ce qui explique la mise en œuvre périodique, depuis 1957, de cycles de négociations commerciales multilatérales (NCM) ayant pour objet de pallier les lacunes organisationnelles et, surtout, de compléter les champs de compétences initialement réduits du GATT.

Les premiers cycles – ou *Rounds* – de négociations ont d'abord porté sur les domaines tarifaires, puis, à partir du *Kennedy Round* (1963-1967), sur de nouveaux domaines des relations commerciales, chaque cycle visant à étendre le champ des logiques libre-échangistes. Au terme de ces cycles, les tarifs douaniers furent abaissés dans d'importantes proportions. Le cycle qui allait générer, sous forme d'argument de contestation, l'exception culturelle constitue le huitième cycle de négociations ouvert à Punto del Este, en 1986, sous l'appellation d'*Uruguay Round.*

2. **L'*Uruguay Round* et la libéralisation des services.** – Il se caractérisait, notamment, par une novation importante au cœur du débat ici en cause : l'extension des principes du GATT, qui ne concernaient jusqu'alors que le commerce des marchandises, au commerce des services et, corrélativement, à d'autres domaines périphériques tels que les droits de la propriété intellectuelle. Alors que les marchandises correspondent aux biens et produits manufacturés, de nature matérielle, donnant lieu au commerce visible, les services relèvent d'un commerce qualifié d'invisible car portant sur des biens immatériels, ou incorporels, correspondant à l'activité du secteur tertiaire et à des échanges marchands ne comportant pas livraison d'une fourniture matérielle.

Au cours des décennies les plus récentes précédant le lancement de ce nouveau cycle de négociations, ces activités tertiaires s'étaient, en effet, considérablement développées, représentant aujourd'hui un commerce international de plus de 6 000 milliards de dollars annuels, correspondant pour les pays développés, tels que ceux de la Communauté européenne, à environ 50 % du produit intérieur brut et 60 % de l'emploi. Or l'absence d'un système juridique de libéralisation des services, selon les principes du GATT, contribuait à expliquer que les échanges internationaux de services ne soient pas à la hauteur de ces potentialités (l'accord sur les services réalisés au terme de la négociation couvre environ 1 300 milliards de dollars annuels, soit 22 % de ce marché).

Les grandes entreprises transnationales concernées exerçaient ainsi une pression très forte pour l'ouverture internationale, s'agissant notamment des services financiers. La Communauté européenne, les États-Unis et le Japon, premiers exportateurs mondiaux de services, partageaient le même intérêt pour la mise en place d'un accord général sur le commerce des services – ou GATS – par duplication des principes structurant déjà le commerce des marchandises. Or, parmi ces services, figure l'audiovisuel conçu sous l'angle des œuvres cinématographiques et télévisuelles, c'est-à-dire des droits incorporels relatifs à la production et à la diffusion de ces œuvres, films, téléfilms ou programmes de télévision.

3. **L'implication des services audiovisuels et cinématographiques.** – L'audiovisuel, au sens des matériels, des « contenants », tels que les récepteurs de télévision, les magnétoscopes ou les antennes paraboliques, relevait du régime de droit commun du commerce des marchandises. Mais les enjeux spécifiques à l'audiovisuel, en termes économiques aussi bien que

culturels, concernent évidemment les « contenus », c'est-à-dire les images cinématographiques et télévisuelles donnant lieu à un important marché international. Ce marché, et les enjeux correspondants, concernent plus précisément les programmes dits de stock susceptibles de rediffusions et de ventes à l'étranger, tels que les téléfilms, ou séries de fiction, documentaires, et films d'animation, par opposition aux programmes dits de flux tels que journaux télévisés, émissions de variétés ou de plateaux – *talk show* – qui, pour l'essentiel, et pour reprendre une expression de Georges Bataille, se « consument » au moment même où ils sont consommés.

La question de l'appartenance des œuvres audiovisuelles à la catégorie juridique des services avait été clairement tranchée au cours de la décennie précédente par une importante jurisprudence de la Cour de justice des Communautés européennes, la jurisprudence Sacchi du 30 avril 1974, plusieurs fois confirmée[1]. Les œuvres audiovisuelles relevaient donc du principe de libre-circulation des services, au sein de la Communauté, proclamé dès le traité de Rome (1957) dans des termes identiques à celui de la libre-circulation des marchandises, des capitaux et des personnes. À cet égard, l'argument selon lequel les œuvres audiovisuelles, ou cinématographiques, constitueraient une tierce catégorie, propre aux créations de l'esprit, et à ce titre non assimilable aux catégories ordinaires de la sphère marchande, qu'il s'agisse de marchandises *stricto sensu* ou de services, était juridiquement inopérant, sur la base même des postulats juridiques retenus par l'Europe communautaire.

1. CJCE, aff. 155/73, 30 avril 1974, *Rec.*, p. 409.

Dès lors que la négociation de l'*Uruguay Round* portait sur la libéralisation de l'ensemble du commerce des services[1], elle intégrait bien le secteur de l'audiovisuel et du cinéma.

4. **L'opposition des conceptions américaine et européenne.** – L'audiovisuel, au sens de cette intégration, était parfaitement conforme aux conceptions et aux attentes des États-Unis : sur le terrain, d'abord, de leur définition juridico-économique des productions en cause, l'audiovisuel relevant de l'industrie du divertissement *(entertainment),* donc naturellement d'une logique commerciale. Sur le terrain, ensuite, de l'importance de leur intérêt économique dans ce secteur qui constitue leur deuxième poste à l'exportation (après l'aéronautique) et dont les revenus proviennent non seulement des modes d'exploitation directs (salles, diffusion télévision, édition vidéo...) mais aussi des produits et droits dérivés de plus en plus considérables générés par ces productions, soit de manière spécifique – diverses formes de *merchandising* propres à un film –, soit de manière plus globale, et plus diffuse, par la propagation universelle de l'*american way of life* et de ses valeurs identitaires.

Sur chacun de ces deux terrains, de la conception même de l'œuvre audiovisuelle, et de l'intérêt spécifique des opérateurs sur le marché international, la

1. Selon son actuel article I, 3, l'accord général sur le commerce des services (AGCS) concerne « tous les services dans tous les secteurs, à l'exception des services fournis dans l'exercice du pouvoir gouvernemental ». Cette dernière notion est elle-même très restrictivement conçue puisqu'elle ne concerne que les services qui ne sont fournis par le gouvernement « ni sur une base commerciale ni en concurrence avec un ou plusieurs fournisseurs de services ». Des services publics comme l'éducation et la santé peuvent donc entrer dans le champ de la libéralisation.

position de l'Europe, et plus spécialement celle de la France, était directement antinomique de celle des États-Unis : la libéralisation du secteur de l'audiovisuel sur la base des principes du GATT prohibant toute discrimination entre services nationaux et services étrangers aurait pour effet de déstabiliser complètement le système français – et européen – de régulation, intégrant une part de financement public et nombre de dispositions juridiques visant à protéger et à stimuler les productions nationales. Un tel système de régulation apparaît précisément comme le résultat d'une construction historique fondée sur une conception culturelle ou artistique de l'audiovisuel et du cinéma les rendant inassimilables à une simple production marchande. Lorsque Malraux disait du cinéma qu'il était un art mais aussi une industrie, ce correctif industriel n'avait nullement pour objet de contester la nature profonde du 7e art, mais simplement de prendre en compte les contraintes spécifiques avec lesquelles il devait composer...

Ainsi, si la position américaine de libéralisation du marché international de l'audiovisuel est conforme au statut strictement commercial, conféré outre-Atlantique à la production en cause, la position européenne, conduite par la France, peut se réclamer de la même cohérence, alternative ou inverse : pourquoi la France et l'Europe abandonneraient-elles les œuvres cinématographiques et audiovisuelles à la seule logique du marché dans les échanges internationaux, alors qu'elles les en protègent dans leur ordre juridique interne au nom de leur empreinte culturelle ? À cet égard, la mise en œuvre d'une thérapie défensive articulée autour du concept d'exception culturelle pour s'opposer aux risques d' « invasion des produits venus d'ailleurs », selon la formulation du président

Mitterrand, relève elle-même d'une conclusion syllogistique assez directe, et conforme à une certaine « exception française »...

II. – De l'exception française à l'exception culturelle

La notion d'exception culturelle paraît trouver sa source dans un fond ancien de représentations sociales relatives à l' « exception française » elle-même, représentations déjà construites sur une conception spécifique des rapports entre l'État et le marché – sur une certaine conception de la République, au cœur du « pacte républicain » forgé sous la IIIe République et postulant, déjà, ce que le général de Gaulle qualifiera plus tard comme une « certaine idée de la France » intégrant un volontarisme de la puissance publique et le refus de soumission à la puissance impériale américaine. Dans ce contexte, l'intérêt national n'est que l'une des déclinaisons de l'intérêt général, constituant lui-même la trame de ce que l'on qualifiera plus tard de lien social.

1. **La théorisation politique des services publics.** – Caractéristique est, à cet égard, le statut politique conféré aux services publics et à ce qu'il est convenu de qualifier de « services publics à la française » pour souligner, et parfois stigmatiser dans le discours libéral, cette fameuse exception française. Pourtant, contrairement à une idée reçue, et si souvent ressassée, la plupart des grands services publics ont connu dans les autres États européens une existence et une organisation comparables à celles de la France, avant d'être bousculés par le processus de libéralisation et de privatisation découlant des directives communautaires.

À la notable réserve du cas britannique, à la suite des réformes du gouvernement Thatcher, les transports, l'énergie, la communication, l'éducation, la santé... ont, partout, été organisés, pour l'essentiel, sous forme de services publics, le plus souvent dans le cadre de structures publiques, parfois en position de monopoles, y compris s'agissant de la télévision régie, dans la plupart des États européens, sous forme de monopole de service public jusqu'aux années 1980.

Dans ces différents domaines, l'« exception française » paraît alors avoir davantage résidé dans la théorisation sociopolitique, élevant le service public au rang d'institution proprement politique, partie prenante du pacte républicain sur la base duquel était réalisé le consensus social, et participant de la mise en œuvre effective de l'Égalité, l'un des mythes fondateurs de la République. En caricaturant à peine, on pourrait retenir que, alors que les autres grands pays européens ont eu une conception simplement pragmatique du service public, faisant en quelque sorte, selon le syndrome de Monsieur Jourdain, du service public sans le savoir, la France a construit la doctrine du service public comme modèle d'organisation sociopolitique, participant directement de l'identité française.

2. **Exception culturelle et politiques culturelles.** – Dans la construction de cette identité, la culture occupe, évidemment, une place centrale, et la notion d'exception culturelle constitue une autre façon de dire cette exception française. C'est ce qui explique, notamment, qu'elle puisse être utilisée pour caractériser de manière générique les politiques culturelles menées par l'État et leurs fondements historiques, hors de la problématique spécifique et de la technique juri-

dique, mises en cause dans les négociations internationales de l'*Uruguay Round,* et objets du présent propos. Tel est, par exemple, parmi d'autres publications, la signification d'un ouvrage de Jacques Rigaud dont le titre, *L'exception culturelle,* a pour objet de traiter globalement de la question « Culture et pouvoirs sous la Ve République », sous-titre dudit ouvrage[1], et pour lequel le débat relatif au GATT ne constitue qu'une illustration circonstancielle, un simple épiphénomène d'une problématique beaucoup plus globale, et historiquement structurante, du rôle de l'État en matière culturelle et des politiques publiques menées en ce domaine, autour, notamment, de l'évocation de la figure emblématique de Malraux.

Le surgissement en 1992-1993 d'une interpellation contraignante relative au sort du cinéma et de l'audiovisuel dans les échanges commerciaux transnationaux a, tout naturellement, conduit à retrouver cette idée simple selon laquelle les œuvres cinématographiques et audiovisuelles ne sont pas assimilables à de simples marchandises ; d'autant plus aisément que cette idée innervait depuis longtemps, et globalement, le statut des biens et des activités culturelles. Idée selon laquelle la culture fait exception à la logique ordinaire du marché qui structure pourtant l'organisation démo-libérale de la cité.

Le succès de la notion d'exception culturelle provient, assurément, de ce contexte : elle relève bien davantage de l'intuition que d'une authentique qualification. Son efficience provient du fait que cette intuition, bien qu'approximative, comme toute intuition, est juridiquement féconde : le couple principe/exceptions est au cœur de la plus élémentaire herméneu-

1. Grasset, 1996.

tique juridique. Or, lorsque qu'un traité international est tout entier bâti sur le principe de la libéralisation de l'échange marchand, à quel dispositif plus adapté que l'exception peut-on recourir, s'agissant d'écarter l'application du principe à certaines activités ?

La signification spécifique de l'exception en matière culturelle, objet de consensus national et de dissensus international, réside bien dans la novation rhétorique, accomplie face aux exigences du GATT : dans l'utilisation de présupposés anciens fondant les politiques publiques nationales pour s'opposer au principe de libéralisation internationale des « services » audiovisuels.

3. **Exception culturelle et industries culturelles.** – Avant les négociations de l'*Uruguay Round,* le statut conféré aux activités culturelles ne conduisait pas à se référer à une quelconque notion d'exception, car précisément ce rôle n'avait, en matière culturelle, rien d'exceptionnel, ou de dérogatoire, par rapport aux politiques conjointement menées dans le champ des grands services publics précités, qu'il s'agisse de l'éducation, de l'énergie ou des transports. Mais l' « exception française » précédemment évoquée, et le rayonnement de la France, hautement revendiqué dans le domaine des arts et de la culture, l'ont logiquement institué comme pilote de la contestation européenne contre les prétentions hégémoniques américaines sur le marché international de l'audiovisuel. De telle sorte que les notions d'exception française et d'exception culturelle participent du même substrat politique, et qu'au cours des années récentes la seconde est souvent présentée comme une composante de la première. C'est assurément en ce sens que J.-M. Messier, décrétant que « l'exception culturelle

française est morte », souhaitait procéder conjointement à une double condamnation : d'une part, de l'exception culturelle, *stricto sensu,* et des dispositifs qui l'expriment ; d'autre part, de l'exception française constituant en quelque sorte le liquide amniotique ayant permis le développement génétique de la première. Dans ce contexte, le concept d'exception culturelle correspond aussi à un habillage rhétorique, stratégiquement bienvenu face aux prétentions américaines, alors que son contenu réel ne concerne, pour l'essentiel, que les industries culturelles constituées par le cinéma et l'audiovisuel. On pourrait donc objecter que l'exception culturelle correspond, en l'espèce, à un abus de langage pour rendre compte d'une simple « exception audiovisuelle » dont il ne serait guère besoin de souligner la grave aporie symbolique.

Il convient cependant de préciser d'abord que la nature même de la négociation du GATT désignait le cinéma et l'audiovisuel, comme enjeux culturels prioritaires de celle-ci, et de rappeler ensuite que cette revendication d'exception est conforme aux politiques culturelles menées par la France dans d'autres domaines.

4. **Une « exception » conforme au droit commun des productions culturelles.** – Le prix unique du livre en constitue l'une des illustrations les plus connues : institué dès 1981 parmi les premières mesures du gouvernement de gauche, il se fonde sur la même conviction selon laquelle le livre n'est pas un produit comme les autres, qui pourrait être abandonné au libre jeu du marché et de la concurrence. Il convient à la fois de protéger la diversité des ouvrages contre les risques d'hégémonie des *best-sellers* et un réseau de librairies

contre la grande distribution et les supermarchés du livre. Les États-Unis, mais aussi la Grande-Bretagne qui a abandonné un tel système depuis 1995, servent, à cet égard, de contre-exemples.

Cette limitation du marché concurrentiel visant à éviter les logiques de rabais sur des « produits d'appel » ne profitant qu'aux éditeurs dominants et à des ouvrages formatés par un certain marketing, connaît des précédents de plus grande portée.

Ainsi, du droit de préemption reconnu à l'État, dès 1921, à l'égard des œuvres d'art vendues aux enchères. Droit non seulement conforté mais élargi pour le compte des collectivités territoriales depuis 1987, c'est-à-dire dans une période où avaient débuté les négociations de l'*Uruguay Round*. La préemption est exercée par le conservateur du musée concerné au nom de l'État, et confirmée dans les quinze jours. Ce droit est effectivement exercé, dans la seule limite des disponibilités des finances publiques, et il marque les limites du marché de l'art et la prévalence de l'intérêt public s'agissant du devenir des œuvres.

Dans un domaine plus proche des enjeux audiovisuels mis au jour par les interpellations du GATT, les quotas radiophoniques de chansons françaises prescrits par la loi de 1994 visent, conjointement, à endiguer – partiellement – les logiques ordinaires du marché au profit des seuls produits marketing anglo-saxons et à protéger les auteurs et artistes-interprètes francophones, confirmant en ce domaine spécifique les attendus de la loi Toubon protégeant l'usage de la langue française...

Mais, dans ce cadre général des politiques culturelles françaises, le cinéma, depuis longtemps, avait acquis un statut privilégié.

III. – Genèse de l'exception cinématographique française

Le modèle, emblématique, de régulation du cinéma français correspond à une longue histoire dont chaque étape a enrichi, et adapté, les mécanismes aux nouveaux défis politiques, économiques ou techniques. Cet approfondissement et cette adaptation du modèle de régulation se sont réalisés sur la base de la pérenne conviction des enjeux culturels inhérents à ce 7e art. La remise en cause de ce modèle dans le cadre d'un cycle de négociations commerciales procéderait d'une régression historique, ramenant le statut du cinéma à celui, très brièvement retenu, qu'il avait à son apparition, au début du XXe siècle.

1. **De la marchandise à l'œuvre cinématographique.** – À l'origine, le cinéma ne fut appréhendé que comme un « spectacle de curiosité » (relevant d'un décret de 1864), organisé comme spectacle forain, la pellicule du film étant vendue au mètre comme une marchandise ordinaire. Paul Leglise, dans son *Histoire de la politique du cinéma français*[1], relève même que le cinéma est alors considéré comme de nature à abaisser le niveau intellectuel à un niveau infamant !...

Les premiers éléments de son statut juridique se ramènent, ensuite, à des problèmes de sécurité et de police, de fiscalité, mais aussi, bientôt, de droits de représentation, donc de droits d'auteur. Sur ce terrain majeur quant aux enjeux culturels et à leur défense corporative, le premier contentieux émanant du tribu-

1. T. 1 : *La Troisième République*, Filméditions, P. Lherminier, 1977.

nal correctionnel de Lourdes et de la cour d'appel de Pau en 1904, relatif à un film sur les « Apparitions de la Très Sainte Vierge à Bernadette »..., fut extrêmement décevant. L'œuvre fut considérée comme purement mécanique et ne pouvant donc rentrer dans la définition d'une représentation, car les « mouvements » dessinés par le film étaient, selon le juge, « dus non à l'auteur ou aux exécutants mais à la machine spéciale au moyen de laquelle ce mouvement est obtenu » !... La confusion entre l'œuvre et la technique de diffusion – avec laquelle renouent les tenants de la « convergence » contemporaine qui croient y voir une « révolution »[1] – a constitué l'hypothèque initiale. Mais celle-ci a été, très vite, levée : dès l'année suivante, une jurisprudence Doyen est venue reconnaître le caractère artistique de l'objet cinématographique, destiné à devenir « une source de jouissance intellectuelle ».

Les racines de l'organisation corporative du cinéma, qui constitue toujours l'un des éléments forts du système actuel de régulation, ne remontent cependant qu'à 1931, avec la création du Conseil supérieur du cinématographe, et surtout à 1936, avec le Rapport De Carmoy constituant l'origine de la Confédération générale du cinéma. La conception même de celle-ci se présente alors comme une singularité en démocratie parlementaire, s'agissant d'un syndicat patronal, unique, et doté de véritables pouvoirs régaliens.

1. Selon cette thèse, la convergence « technologique » entre l'audiovisuel, les télécommunications et l'informatique opérée par l'Internet et les « nouveaux services » multimédia, renforcée par la convergence marchande résultant de la constitution des grands groupes multimédia, devrait se traduire par une convergence juridique, ou réglementaire, consistant à appliquer le même régime aux divers contenus véhiculés sur les mêmes supports.

2. **Organisation corporative et premiers contingentements.** – Dès 1928, conjointement à l'institution du visa de contrôle par un décret du 18 février, se manifestent les premières logiques de contingentement des films étrangers, vingt ans donc avant les controverses suscitées par les accords Blum-Byrnes, au lendemain de la Seconde Guerre mondiale, accords traditionnellement considérés comme les seuls précédents à la logique actuelle des quotas (cf. *infra*). Édouard Herriot justifie ainsi la procédure mise en place : « Ce n'est pas seulement l'intérêt du bon ordre et de la moralité publiques... mais aussi l'intérêt de la conservation des mœurs et des traditions nationales qu'il s'agit de sauvegarder. Ce dernier intérêt serait compromis si le nombre de films de production étrangère projetés sur les écrans français continuaient de croître aux dépens des films français. » Il ne s'agit certes pas encore de sauver la culture française, mais les « traditions nationales » dont on peut considérer que, avant même l'introduction du « tout culturel »[1], elles prenaient assurément place parmi les composantes culturelles. En foi de quoi, les conditions de délivrance du visa pour les films étrangers incluaient des conditions d'accession des films français dans leurs pays d'origine. Les contingentements, établis sur des bases complexes de 1928 à 1931, sont supprimés en 1931, mais rétablis dès 1932, dans le cadre d'un contrôle de la réciprocité. Il en résulte, notamment, des accords franco-allemands et franco-italiens.

1. Notamment dénoncé par Marc Fumaroli dans *L'État culturel, essai sur une religion moderne,* Éditions de Fallois, 1991, charge pamphlétaire contre la politique de J. Lang. Cf. aussi, notamment sur cette question, Michel Schneider, *La comédie de la culture,* Le Seuil, 1990.

Même s'il s'agit d'une période que l'on préfère souvent occulter, le régime de Vichy est loin de constituer une simple parenthèse sur le terrain de l'organisation du cinéma. Plusieurs des éléments fondamentaux de l'organisation contemporaine y trouvent leur structuration, qu'il s'agisse des cartes professionnelles, du contrôle des recettes (essentiel pour le fonctionnement ultérieur des modalités de financement), de la création d'un régime d'avances à l'industrie cinématographique par le Crédit national, du registre public de la cinématographie et, surtout, dès 1940, de la création, par un décret du 2 novembre, du COIC (Comité d'organisation de l'industrie cinématographique). Ce dernier, à tous égards conforme à la philosophie corporatiste de Vichy, peut être considéré, purifié de cette philosophie, comme l'ancêtre du CNC (Centre national de la cinématographie) qui lui succède à la Libération (loi du 25 octobre 1946) sous forme d'établissement public de l'État, doté de l'autonomie financière, et qui constitue aujourd'hui le nœud gordien du système de régulation et de financement du cinéma.

L'œuvre législative et réglementaire de la Libération, après rétablissement de la légalité républicaine, rapproche ce système de sa configuration actuelle grâce à la création d'un « fonds de soutien de l'industrie cinématographique », celui-ci étant alimenté par une taxe de 7 % sur le prix des places donnant conjointement lieu à une augmentation (simple arrêté du 10 avril 1945). Le montant de la taxe ainsi prélevée était bloquée par les exploitants dans un compte indisponible. Mais en l'absence de définition des modalités de répartition, et eu égard aux controverses qui en résultèrent, cette taxation est supprimée par un nouvel arrêté du 29 mars 1946 qui procède à la répartition des sommes bloquées. Mais le concept sera repris, à titre définitif cette fois, en 1948, comme épilogue de la contestation relative aux accords Blum-Byrnes.

3. **Les accords Blum-Byrnes.** – Ceux-ci interviennent après la période de l'Occupation marquée par le plein succès des films français et l'absence de concurrence des films américains. À la Libération sont seuls disponibles les films étrangers ayant obtenu un visa avant 1940 et les 40 films américains importés au moment du débarquement, sans licence d'importation. Face au risque de déferlante américaine, les producteurs français revendiquent l'établissement d'un contingentement – ou quota – à l'écran plutôt qu'une protection douanière à l'entrée. Le quota proposé par les producteurs, en août 1945, est de huit films français contre cinq films étrangers.

Il convient de souligner, à ce stade, que les accords initiaux du GATT négociés parallèlement, et adoptés en 1947, sur la base des principes du libre-échange (qui seront identifiés plus loin) allaient eux-mêmes consacrer un statut d'exception pour le cinéma. Par-delà une incertitude quant à la nature spécifique de celui-ci, l'article IV des accords le prenait en compte de manière strictement dérogatoire, pour en écarter, expressément, l'application de ces principes de libre commerce entre les nations. À ce titre, les contingentements étaient bien autorisés, pour protéger les cinématographies nationales. Signe, déjà, que les dispositifs juridiques relatifs au cinéma étaient perçus comme relevant de politiques culturelles propres à chaque État, davantage que de considérations strictement commerciales.

Les accords franco-américains signés à Washington, le 28 mai 1946, et qui resteront célèbres sous le nom des deux négociateurs, ne concernent pas seulement le cinéma, mais une politique plus globale dont l'objet principal était l'octroi d'un prêt à la France en contrepartie de l'ouverture de son marché intérieur aux exportations américaines. Contre l'annulation de 1 800 millions de dollars de dettes et l'ouverture d'un nouveau crédit de 500 millions, les écrans français devaient largement s'ouvrir aux films américains, sous réserve seulement d'une protection temporaire limitée à quatre ans, pour faciliter la reconstruction de l'industrie cinématographique française. Les quotas prévus pendant cette période, avec des clauses correctives dégressives, au bout de deux ans, consistaient à réserver quatre semaines par trimestre à des films français.

Cet accord suscita une très vive opposition des professionnels du cinéma français dont la réunion organisée à l'IDHEC le 14 juin 1946, par le syndicat CGT du cinéma, décline les critiques dont la teneur annonce – déjà – celles qui seront reprises plusieurs décennies plus tard contre le GATT, en termes de menaces d'hégémonie américaine provoquant aussi bien une catastrophe sociale et économique pour le cinéma qu'une « intoxication par l'esprit américain », pour citer les termes de Paul Leglise : le stock de films américains déjà amortis sur leur marché et prêts à être exportés en France était évalué à plus de 2 000 titres auxquels il convenait d'ajouter les 400 titres de chaque production annuelle. La constitution d'un « comité de défense du cinéma français » et l'organisation de grandes manifestations, emmenées par les vedettes les plus populaires du cinéma français, contre ces accords, aboutit *in fine,* en 1948, à la création d'un fonds d'aide temporaire, devenu, en 1953, le fonds de développement de l'industrie cinématographique. Ayant acquis en 1959 sa forme actuelle de compte de soutien financier, il constitue, depuis lors, le cœur du système de régulation, lui-même enjeu de l'exception culturelle.

Chapitre II

LES SYSTÈMES DE RÉGULATION, OBJETS DE L'EXCEPTION CULTURELLE

I. – Le compte de soutien financier

Le « soutien financier de l'industrie cinématographique et de l'industrie audiovisuelle » a été ouvert sous sa forme actuelle en 1959 (décret du 16 juin) pour le cinéma, et élargi à l'audiovisuel en 1983. Sa nature est celle d'un compte spécial du Trésor ouvert par une loi de finances, et retraçant des opérations de recettes et de dépenses, hors du budget de l'État, mais dont la gestion relève de l'État, dans les mêmes conditions de prévisions et d'exécution que celles du budget général. Depuis 1996, le ministre chargé du secteur est l'ordonnateur principal du compte, les décisions individuelles d'exécution relevant du directeur général du CNC. Les recettes de ce compte de soutien sont, pour l'essentiel, constituées par un système de taxes prélevées sur le prix des places de cinéma et sur les ressources des télévisions recouvrées par la Direction générale des impôts. Les dépenses sont fixées annuellement par la loi de finances.

Il apparaît donc clairement que, contrairement à une présentation souvent avancée par des professionnels du cinéma, le système de financement n'est guère réductible à une organisation interne du cinéma, fondée sur une simple épargne mutualisée des ressources de structures privées. Il s'agit bien d'une organisation de la puissance publique mettant en œuvre les prérogatives les plus caractéristiques de la fonction régalienne : législatives et fiscales. La précision n'est pas neutre, car c'est en tant que système de financement public relevant de l'État qu'est mise en cause sa validité au regard des principes de libre concurrence dans le cadre de l'Organisation mondiale du commerce. Une simple mutualisation financière, contractuellement conclue entre des personnes privées, ne pourrait directement être contestée. Elle relèverait des seules limites du droit de la concurrence (abus de position dominante, ententes).

Ce compte de soutien est composé de deux sections : le cinéma et l'audiovisuel, dont les recettes proviennent de sources communes mais qui, pour l'essentiel, restent étanches en termes de dépenses.

1. **Les sources du financement.** – Les recettes proviennent de trois sources d'inégale importance, correspondant aux trois modalités de diffusion des services audiovisuels : cinéma, télévision, vidéo. La première source, originelle, a déjà été mentionnée au titre des précédents historiques : la taxe spéciale sur les billets de cinéma (TSA), codifiée par le Code des impôts, est incluse dans le prix des billets en salles. Elle concerne, évidemment, tous les films, quelle que soit leur nationalité d'origine. Perçue par l'administration fiscale à partir des déclarations établies par les exploitants, son montant varie, par définition, avec la « recette guichet », c'est-à-dire avec la fréquentation en salles. Au cours des années récentes, elle a représenté environ un quart des recettes globales du compte de soutien, affecté en totalité à la première section.

Depuis 1984 (loi de finances du 29 décembre 1983), pour compenser la baisse de ressources provenant de l'exploitation en salles, une nouvelle recette, désormais déterminante, provient d'une taxation établie sur les ressources de la télévision. Elle est assise à la fois sur les ressources publicitaires et d'abonnements des chaînes privées hertziennes et sur les ressources publicitaires et le produit de la redevance des chaînes publiques hertziennes. Les services de télévision diffusés par satellite y sont assujettis pour leurs abonnements concernant la diffusion sur le territoire français. Le taux de cette taxe est fixé par paliers à partir des encaissements annuels. Cette ressource provenant des télévisions représente au cours des années récentes plus de 70 % des recettes globales du compte de soutien. Une telle réalité économique confirme éloquemment les données juridiques précédemment évoquées selon lesquelles le système de financement du cinéma ne saurait être compris comme une simple organisation professionnelle de celui-ci. Le produit de cette taxe est, en effet, réparti entre les deux sections du compte de soutien, et elle a varié pour tenir compte des évolutions de la fréquentation en salles. En 1999, elle a été fixée à 36 % au profit de la première section et à 64 % pour la seconde.

Une troisième source de recettes provient, depuis la loi de finances du 30 décembre 1992, de la vidéo. La taxation porte à la fois sur les ventes et sur les locations, en France, des vidéogrammes destinés à l'usage privé du public. Elle concerne, dans les mêmes termes, les DVD. Son taux est de 2 % et son rendement a dépassé les 4 % des ressources globales du compte de soutien.

À ces trois sommes s'ajoutent, très marginalement (moins de 1 % du total), des recettes dites « diverses » ou « accidentelles » comme des remboursements d'aides sélectives, voire, s'agissant de la deuxième section du compte, du produit des sanctions financières infligées par le CSA aux opérateurs de télévision n'ayant pas respecté leurs obligations légales.

Ces ressources du compte de soutien n'ont d'autre fondement que de financer la production de nouvelles œuvres cinématographiques et audiovisuelles.

2. **Les bénéficiaires du soutien et les conditions de nationalité.** – Les bénéficiaires des financements précités sont, pour l'essentiel, les professionnels nationaux et les œuvres nationales. La dérogation au principe de la nationalité française concerne les branches de l'exploitation et de la distribution. Ainsi, le soutien financier à l'exploitation qui explique que le parc de salles en France soit le premier d'Europe concerne leur modernisation et leur création. Contrairement à la situation dominante, concernant la production, toute entreprise y est éligible quelle que soit la nationalité de ses actionnaires, sous réserve évidemment de la réglementation professionnelle. Depuis quelques années, des investisseurs étrangers, y compris américains, sont établis en France et ont donc accès au compte de soutien.

Pour le soutien financier à la production qui représente les enjeux centraux, les premières conditions d'accès concernent, à l'inverse, la nationalité. Le décret du 24 février 1999 qui en détermine le régime précise que seules les entreprises de production établies en France y ont accès sous la double condition d'avoir des dirigeants (président, directeur ou gérant) de nationalité française ou ressortissants de la Communauté européenne (mais les résidents leur sont assimilés) et, surtout, de ne pas être contrôlées par des personnes, ou sociétés, ressortissants d'autres États que ceux de la Communauté. D'autres conditions relatives à la réalisation des œuvres renforcent cette identification. S'agissant, par exemple, des longs métrages cinématographiques, les industries techniques et les studios de prises de vues doivent être établis en France, ou dans la Communauté européenne, ou, s'il s'agit d'une coproduction, sur le territoire d'un État avec lequel la France a conclu un accord de coproduction. Les œuvres doivent être réalisées avec le concours d'artistes et de techniciens français, ou ressortissants de la Communauté, ou d'un État ayant conclu un accord avec la France, selon un barème de 18 points, affectés à chacun des éléments de réalisation, de telle sorte que l'œuvre doit réunir au moins 14 points. Mais un autre barème de 100 points permet ensuite de mieux apprécier la répartition des différents éléments nationaux, et c'est sur ces bases que sera délivré un « agrément » spécifique du CNC concernant chaque œuvre et permettant à celle-ci d'accéder au soutien[1].

Le montant de ce soutien provient du produit des trois sources : « soutien salles », « soutien vidéo » et « soutien antenne », auquel sont appliqués d'abord des taux de calcul particuliers, fixés par arrêtés interministériels (culture, finances, budget). Puis le calcul spécifique du montant du soutien propre à chaque

1. Ce barème de 100 points atteste le rôle discriminant des critères nationaux : ils sont ventilés en sept catégories : 10 points sont attribués à l'entreprise de production selon un critère d'établissement, 20 points pour le tournage en langue française, 20 points aux comédiens selon leur nationalité ou leur résidence, 20 points (14 et 6 respectivement) aux techniciens et ouvriers selon le même critère, etc. Le nombre de points ainsi obtenus constitue alors le coefficient de pondération du soutien financier : entre 25 et 70 points, ce nombre définit exactement le pourcentage de soutien obtenu par rapport au montant potentiellement disponible sur le compte du producteur concerné. Entre 70 et 80 points, selon une logique de franchise, il est possible d'obtenir 100 %.

œuvre est obtenu sur la base du taux de pondération résultant de la procédure d'agrément[1].

Quant au bénéfice de ce soutien, il est destiné à la production et à la réalisation de nouvelles œuvres cinématographiques, dans un délai de cinq ans, à compter du 1er janvier de l'année postérieure au calcul. Mais la limite à l'amplitude du soutien financier ainsi généré provient d'une contrainte imposée par la Commission européenne lorsqu'elle a validé ce système de soutien pour six ans (jusqu'en 2004) : la limitation à 50 % du coût définitif de l'œuvre concernée (qui a été incorporée par le décret précité du 24 février 1999 – article 11). Des dérogations peuvent cependant être accordées par le directeur général du CNC, pour des motifs d'ordre culturel concernant les « caractéristiques artistiques » des œuvres et leurs « conditions économiques de production ».

L'une des questions centrales mises en cause au sein des négociations du GATT porte, notamment, sur cette situation originale selon laquelle la taxe sur les entrées en salles (TSA) et la taxe sur la vidéo concernent, dans les mêmes termes, l'ensemble des films, étrangers comme nationaux, les films américains, procurant même la majorité des ressources, cependant que la redistribution est réalisée au seul bénéfice des producteurs nationaux ou communautaires, en termes de

1. Si l'on raisonne, par exemple, sur le « soutien salles », le produit de la TSA, à un taux de l'ordre de 11 %, avec un prix du billet à 7 euros, et un taux de calcul du soutien fixé à 120 %, le soutien potentiel, par entrée, serait de 0,924 € (7 × 11 % = 0,77 × 120 %). C'est à ce montant inscrit sur le compte de soutien du producteur que sera appliqué, ensuite, le taux de pondération spécifique correspondant à l'agrément. S'il a, par exemple, obtenu 80 points ou plus, il sera crédité de la totalité de cette somme. Si, à l'inverse, il n'obtenait que 60 points, le « soutien salles » serait réduit à 60 %, de 0,924 €, soit 0,554 € par entrée.

« subventions » au CNC selon les termes légaux (art. 57 de la loi de finances du 30 décembre 1995).

Cette redistribution concernant le cinéma est organisée sous deux formes distinctes : sous forme de soutien automatique et, depuis 1959 (à la suite du Rapport Moinot), sous forme de soutien sélectif.

3. **Soutien automatique et soutien sélectif.** – Le soutien automatique, qui représente au cours des dernières années environ 60 % des dépenses de la première section, est perçu, pour la majeure partie, par les producteurs (environ 60 %) puis par les exploitants (environ 35 %), les distributeurs (environ 8 %) et les éditeurs vidéo (environ 3 %)[1]. Le montant de ces aides automatiques est indexé sur les résultats précédemment enregistrés par chacun des opérateurs bénéficiaires (en fonction des taux fixés par arrêtés), de telle sorte que ces derniers perçoivent un montant de financement proportionnel à leurs « performances » précédentes sur le marché : l'aide est indexée sur le montant des taxes perçues lors de l'exploitation en salles, lors de la commercialisation en vidéo, et sur le prix de cession des droits de diffusion à la télévision.

C'est d'abord ce système de soutien automatique qui a permis d'assurer la pérennité et le succès du

1. Les industries techniques (studios de prises de vues et d'enregistrement sonore, laboratoires de développement et de tirages, ateliers d'effets spéciaux...) bénéficient, par ailleurs, d'un soutien financier de l'État pour leur équipement, leur modernisation et leur restructuration. Les entreprises concernées doivent être établies en France, répondre également à des conditions de nationalité de leurs dirigeants (français, ressortissants de la Communauté ou résidents de plus de cinq ans) et, surtout, ne pas être contrôlées par des intérêts extra-européens. Les aides sont accordées, de manière sélective, par décision du directeur général du CNC, sur avis d'une commission spécialisée, commune au cinéma et à l'audiovisuel.

cinéma français dans un contexte de forte concurrence des films américains dont ont été victimes la plupart des autres cinématographies européennes.

Mais c'est pour corriger les effets mécaniques du soutien automatique, qui ne fait qu'amplifier les retombées financières d'un succès public, qu'a été institué, sous l'autorité d'André Malraux, ministre de la Culture, le soutien sélectif, attribué en fonction de critères artistiques et culturels.

Initialement conçu sous la seule forme de l'avance sur recettes pour la production, il a été étendu aux autres branches, et selon d'autres modes d'intervention en amont de la réalisation elle-même (telle que l'aide à la réécriture de scénarios). Les aides sélectives sont attribuées sur la base de l'expertise d'une commission spécialisée, composée de personnalités qualifiées, nommées par le directeur général du CNC : professionnels dotés de compétences artistiques, techniques et financières, et disposant d'une très large liberté d'appréciation eu égard aux critères d'attribution pris en considération par le décret du 24 février 1999 : « nature du sujet », « qualités et conditions » de réalisation. Ces critères ont été précisés par le CNC selon des orientations à tonalité clairement culturelle, en faveur d'un « cinéma différent, indépendant, audacieux au regard des normes du marché, qui ne peut, sans aide publique, trouver son équilibre financier » ou de films qui, « pour traduire une ambition culturelle affirmée, doivent prendre le risque de budgets élevés » (*Guide du CNC,* 1993).

Une autre orientation spécifique consacrée par les textes (arrêté au 22 mars 1999) concerne l'aide à la réalisation des premiers films. La Commission d'experts est, corrélativement, composée de plusieurs collèges, l'un concernant les aides aux premiers films.

Les critères de recevabilité des demandes sont notamment relatifs, comme pour le soutien automatique, à la langue de tournage : les films doivent être intégralement, ou principalement, réalisés en français. Ce critère est, par définition, écarté s'agissant de l'aide spécifique aux œuvres réalisées en langue étrangère, produites par, au moins, une entreprise de production établie en France.

S'agissant du soutien à la production, le pourcentage de films aidés est de l'ordre de 10 %, et l'amplitude des aides accordées avant réalisation de l'ordre de 2 à 3 millions de francs au cours des années passées, selon l'importance du devis et les besoins de financement, le total des aides ayant représenté environ 135 millions de francs.

4. **Du cinéma à l'audiovisuel.** – S'agissant de la deuxième section du compte de soutien concernant la production des œuvres audiovisuelles destinée aux téléspectateurs français, la production en est le bénéficiaire quasi exclusif. Le soutien automatique représente environ 70 % des dépenses sous formes dites de réinvestissement, comme c'est le cas pour la production cinématographique. Le soutien sélectif se présente, également, sous forme d'aides dites d'investissement, c'est-à-dire d'avances à la production, mais aussi, de manière complémentaire, sous formes de garanties de prêts et subventions. Outre les conditions relatives aux entreprises (établissement en France, nationalité des dirigeants, origine du capital social) de même nature que celles concernant le cinéma, des conditions spécifiques concernent les œuvres elles-mêmes : leur première diffusion doit concerner des chaînes de télévision reçues sur le territoire français. Cette destination proprement française constitue, là encore, le fondement même

du système de financement visant au développement d'une création nationale face aux risques de domination de l'industrie américaine des images. Elles doivent également être réalisées avec la participation de techniciens et d'artistes identifiés sur les mêmes critères de nationalité ou d'appartenance communautaire que ceux précédemment évoqués. Les œuvres correspondant à une production française (ou, dans l'hypothèse d'une coproduction, à une participation française égale ou supérieure à 80 %) doivent être réalisées en français et faire l'objet de dépenses de production en France pour au moins 50 % du coût définitif. On aperçoit ici le double fondement culturel et économique du soutien financier.

Le montant de celui-ci ne peut être supérieur à 40 % du coût définitif (ou de la participation française s'il s'agit d'une coproduction). La nature des œuvres audiovisuelles pouvant donner lieu au soutien sont les fictions, les films d'animation, les documentaires de création et les recréations de spectacles vivants. Sur la base de ces identifications catégorielles, il revient au directeur général du CNC d'arrêter, chaque année, la liste des œuvres de référence diffusées par une chaîne française, permettant de calculer le montant du soutien automatique qui revient à chaque producteur. La qualification en termes d'œuvre audiovisuelle de certains programmes, les rendant ainsi éligibles au soutien financier, a suscité de véhémentes controverses, s'agissant, en 2001, de programmes dont les caractères participaient à de nouvelles formes de « télé-réalité » et n'illustraient guère les enjeux culturels qui fondent de tels financements.

Les aides sélectives, de leur côté, sont destinées, d'abord, aux nouveaux producteurs ne disposant pas d'un compte ouvert au soutien automatique. Dans les mêmes catégories que celles du soutien automatique, les œuvres aidées doivent notamment présenter un intérêt spécifique sur le plan culturel ou sur le plan technique. Des subventions peuvent être accordées ensuite, de manière plus générale, pour la production de programmes présentant un intérêt culturel particulier.

Si le compte de soutien financier peut être considéré comme le cœur du système de régulation du cinéma et de l'audiovisuel, et, à ce titre, comme la vitrine de l'exception culturelle, d'autres éléments y participent directement et sont également fondés sur des enjeux culturels.

II. – Les obligations des chaînes de télévision

Dans le prolongement de la distinction entre œuvres cinématographiques et œuvres audiovisuelles, les obligations des chaînes concernent, d'abord à titre autonome, le cinéma français qu'elles doivent financer.

1. **Les obligations à l'égard du cinéma.** – Toutes les chaînes nationales hertziennes doivent consacrer 3,2 % de leur chiffre d'affaires net de l'exercice précédent au financement de la production d'œuvres cinématographiques européennes, dont 2,5 % à destination de la production d'œuvres d'expression originale française. Afin de préserver l'indépendance et la liberté des producteurs dans l'exploitation ultérieure des œuvres ainsi financées, l'investissement des chaînes sur une œuvre ne doit pas, d'une part, excéder la moitié de son coût total ni, d'autre part, être constitué pour plus de la moitié des sommes investies par les filiales du programmateur. Un décret du 11 mars 1999 impose, de surcroît, aux diffuseurs de

consacrer 75 % de ces dépenses aux productions d'entreprises indépendantes[1].

La protection des œuvres cinématographiques françaises inclut également des quotas de diffusion : sur le temps total de diffusion des œuvres cinématographiques, 60 % doit être réservé aux œuvres d'expression originale française. Ces quotas visent précisément à empêcher l'hégémonie des produits américains telle qu'elle s'était brutalement manifestée dans plusieurs pays d'Europe et sur les premières chaînes privées françaises, aux lendemains des politiques de libéralisation de l'audiovisuel. Ces quotas doivent être respectés aux « heures de grande écoute », entendues ici au regard d'une diffusion en tout ou partie entre 20 h 30 et 22 h 30 (avec un décalage pour l'outre-mer).

En matière cinématographique, la chaîne cryptée Canal Plus joue à tous égards un rôle singulier et assume des obligations particulières, ayant acquis une importance stratégique dans le « combat » pour l'exception culturelle. Elle fait donc l'objet de développements spécifiques ultérieurs (cf. *infra,* IIe partie).

Les obligations financières et les quotas de diffusion s'imposent également à l'égard des œuvres audiovisuelles.

2. **Les œuvres audiovisuelles et la directive européenne « Télévision sans frontières ».** – Les quotas de diffusion des œuvres audiovisuelles ont constitué l'une des questions les plus controversées, parce que soulevant les enjeux les plus sensibles, dans le cadre de

1. L'indépendance d'une société de production est définie, en l'occurrence, par trois critères : ne pas être détenue, directement ou indirectement, par le programmateur pour plus de 15 % de son capital, ne pas être contrôlée par un actionnaire ou groupe d'actionnaires contrôlant le programmateur, ne pas avoir avec celui-ci d'intérêts durables.

l'élaboration de la directive communautaire « Télévision sans frontières » adoptée le 3 octobre 1989, entrée en vigueur deux ans plus tard, puis révisée le 30 juin 1997. Son importance a souvent conduit à occulter les autres aspects de la directive car elle est précisément devenue le symbole de l'exception culturelle avancée par l'Europe face aux positions américaines dans le cadre des négociations du GATT. Cette obligation concernant les télévisions nationales des États membres est formulée dans des termes caractéristiques des ambiguïtés européennes, qui ont fait l'objet de critiques aussi vives que nombreuses. L'article 4 de la directive édicte, en effet, la règle selon laquelle les États membres veillent à ce que les organismes de radiodiffusion télévisuelle « réservent à des œuvres européennes [...] une proportion majoritaire de leur temps de diffusion », en précisant que cette règle vaut « chaque fois que cela est réalisable » (et « par des moyens appropriés »). Cette formulation n'est pas le fruit d'une inadvertance mais le résultat d'un compromis longuement, et vigoureusement, discuté.

Un dispositif formulé dans des termes identiques est prévu à l'article 5, en faveur des œuvres émanant des producteurs indépendants, qui doivent se voir réserver « au moins 10 % du temps d'antenne », ou alternativement 10 % au moins du budget de l'organisme de programmation. Il est spécifié qu'au sein de ces pourcentages doit figurer une « proportion adéquate » d'œuvres récentes, c'est-à-dire diffusées « dans un laps de temps de cinq ans après leur production ».

L'identification des œuvres européennes rassemble plusieurs catégories : les œuvres originaires des États membres, celles des États européens parties à la Convention du Conseil de l'Europe sur la télévision transfrontières, et celles produites ou coproduites par des pays avec lesquels la Communauté a conclu des accords, ou même dans le cadre d'accords bilatéraux de coproduction conclus entre des États membres et des pays tiers, dès lors, dans ce cas, que « les coproducteurs communautaires participent majoritairement au coût total de la production » et que celle-ci ne soit pas contrôlée par des producteurs établis en dehors du territoire des États membres. Selon une approche comparable à celle déjà analysée pour le compte de soutien français, le rattachement d'une œuvre audiovisuelle à tel ou tel État est notamment opéré à partir de la prise en compte du « concours d'auteurs et de travailleurs » résidant dans les États concernés.

Au-delà de la malencontreuse formulation du « chaque fois que cela est réalisable », le défaut de rigueur normative des quotas communautaires se manifeste de plusieurs points de vue complémentaires : d'abord la directive ne définit pas les tranches horaires à l'intérieur desquelles doivent être respectés les temps d'antenne consacrés aux œuvres européennes, de telle sorte que ces quotas pourraient être formellement respectés grâce à des programmations nocturnes ou dans des tranches horaires dépourvues de pertinence, comme cela fut le cas dans plusieurs pays européens, y compris en France, avant que n'intervienne un correctif national (cf. *infra*). Ensuite, et surtout, la portée des quotas doit s'apprécier par référence à la nature des programmes concernés. Ils ne produisent de sens qu'au regard des programmes dits de stock (type fictions) donnant lieu à un marché international. Or la définition de la directive reste négative : tous les programmes sont pris en compte, sous réserve de ceux qui sont expressément exclus : informations, manifestations sportives, jeux, publicité, services de télétexte et, depuis la révision de 1997, télé-achat. Ainsi les quotas peuvent-ils être respectés grâce à la prise en compte des nombreuses émissions de plateaux, des émissions de variétés ou, désormais, de « télé-réalité », dont on imagine mal comment elles pourraient ne pas relever de l'origine nationale des États concernés !...

Cette manière de procéder explique que le cinéma ne fasse pas l'objet d'une mention spécifique : les films entrent dans le calcul des quotas au même titre que les autres programmes. À cet égard, même s'ils restent d'une amplitude trop modeste, les financements européens du cinéma témoignent d'une prise en compte plus effective de celui-ci avec le programme Media de la Communauté européenne et le programme Eurimages du Conseil de l'Europe.

3. **Les financements européens : Média et Eurimages.** – Le programme Media I – programme d'action pour encourager le développement de l'industrie audiovisuelle européenne – (1990-1995) a été institué par le Conseil de la Communauté en 1990, il a été reconduit comme Media II (1996-2000), en resserrant ses objectifs. Entré en vigueur en janvier 2001, le programme Media Plus (2001-2006) est conçu sous forme d'incitations à la formation des professionnels, au développement des projets de production, à la distribution des films cinématographiques et des programmes audiovisuels, à leur promotion et au soutien des festivals de cinéma. Les projets pilotes favorisant les nouvelles technologies sont également privilégiés. Il est doté de 400 millions d'euros, alimentant des soutiens financiers octroyés sous forme d'avances conditionnellement remboursables ou de subventions. Comme toujours, s'agissant de la construction communautaire, les fondements de ce programme se trouvent autant dans l'ordre économique que dans l'ordre cultu-

rel. L'un des principaux attendus du Préambule concerne « la nécessité d'un soutien public accru... en vue de renforcer la compétitivité du secteur audiovisuel européen ». Les aides communautaires se présentent néanmoins comme « complémentaires des domaines d'intervention traditionnels des mécanismes nationaux de soutien », pour « maintenir la diversité culturelle en Europe ». À ce titre, si le financement communautaire ne peut pas dépasser 50 % du coût des opérations aidées (voire 60 % dans certaines hypothèses spécifiques), il est cumulable avec tout autre financement public. Selon une logique comparable à celle du droit français, les entreprises bénéficiaires doivent être détenues soit directement, soit par participation majoritaire par des ressortissants des États membres, étant précisé que le programme est ouvert à la participation des pays associés d'Europe centrale et orientale, conformément aux conditions fixées dans les accords d'association, et aux pays parties à la Convention du Conseil de l'Europe sur la télévision transfrontières précitée.

Cette conception élargie de l'Europe audiovisuelle concerne, par nature, le fonds Eurimages du Conseil de l'Europe, créé en 1988 sur la base d'un accord partiel au sein de celui-ci, regroupant 27 États. Le fonds Eurimages concerne l'aide à la coproduction, à la distribution et à l'exploitation des œuvres cinématographiques européennes. Les aides concernant la distribution et l'exploitation ne concernent que les pays non bénéficiaires du programme Media de la Communauté, ce qui souligne la complémentarité organisée entre les deux organisations. Sur le terrain de la coproduction des longs métrages, les projets doivent concerner au moins deux coproducteurs ressortissants d'États membres différents. Ils peuvent s'adresser alternativement à deux guichets distincts : le premier octroyant une aide sur la base du potentiel de circulation du projet, l'autre sur la base de la valeur artistique du projet. Le premier guichet impose des conditions d'éligibilité plus strictes, concernant surtout des budgets élevés. Le soutien maximum est plafonné à 610 000 € pour les budgets inférieurs à 5,4 millions d'euros, et à 730 000 € au-delà. Le deuxième guichet, concernant les films dits de « diversité cinématographique », est plafonné à 380 000 € pour les budgets inférieurs à 3 millions d'euros et 460 000 € au-delà...

4. **Les obligations plus strictes du droit français.** – Une disposition fondamentale de la directive « Télévision sans frontières » permet aux législations nationales d'en conforter les potentialités positives ou d'en combler les lacunes : l'article 3 formule le principe selon lequel les États membres ont la faculté, en ce qui concerne les organismes de radiodiffusion télévisuelle qui relèvent de leur compétence, de « prévoir des règles plus détaillées, ou plus strictes dans les domaines couverts par la présente directive ».

Dans son préambule, tel que révisé en 1997, la directive précise les raisons, ou les objectifs, pour lesquels les États membres peuvent appliquer un régime juridique plus contraignant : notamment pour « réaliser des objectifs en matière linguistique et garantir la protection de l'intérêt public pour ce qui concerne le rôle de la télévision comme support d'information, d'éducation, de culture et de divertissement... ».

Le droit français se caractérise, précisément, par cette situation d'approfondissement et d'extension des règles communautaires visant à protéger les enjeux culturels inhérents à l'audiovisuel, alors même qu'il convient de mesurer les difficultés de mise en œuvre de cette liberté laissée aux États pour alourdir les contraintes pesant sur leurs propres opérateurs nationaux : le contexte de concurrence avec leurs homologues étrangers réduit considérablement les marges des choix politiques. Ce contexte concurrentiel tend, à l'inverse, à faire aboutir certaines revendications de déréglementation, et l'édiction de mesures favorables aux « champions nationaux » face à la concurrence internationale.

Quoi qu'il en soit, la substance des quotas nationaux aussi bien que des obligations de production nationales renforcent l'identification spécifique de la situation française comme modèle de l'exception culturelle en Europe.

5. **Les quotas d'œuvres audiovisuelles françaises et communautaires.** – Les quotas de diffusion d'œuvres d'expression originale française se présentent, dès l'origine, comme une thérapeutique juridique pour endiguer « l'invasion des images venues d'ailleurs », c'est-à-dire, pour l'essentiel, des images américaines. Au cours des premières années de libéralisation de l'audiovisuel, les opérateurs privés avaient été conduits à privilégier la programmation de productions d'outre-Atlantique, déjà amorties sur leur marché d'origine et beaucoup moins coûteuses que la production d'œuvres nationales.

Ces quotas visant à promouvoir et à protéger la création d'œuvres nationales figuraient dans le droit français avant que le principe en soit repris, sous une forme très édulcorée, par le droit communautaire. Depuis une loi du 18 janvier 1992, les chaînes de télévision hertzienne doivent programmer 60 % au moins d'œuvres audiovisuelles européennes et 40 % au moins de ces mêmes œuvres d'expression originale française. Ces quotas, qui s'appliquent dans les mêmes termes au cas spécifique des œuvres cinématographiques (décomptées de manière autonome), correspondent à une définition plus rigoureuse des œuvres audiovisuelles que celle donnée par le droit communautaire. En sus des exclusions découlant de celui-ci, sont également exclus les programmes de variétés et toutes les émissions, autres que de fictions, majoritairement réalisées en plateaux. Le juge est compétent pour annuler la qualification en termes de fiction d'une émission, qui, en réalité, ne serait qu'un jeu ou une émission de plateau, ne constituant pas une « œuvre audiovisuelle » pour le respect des quotas. C'est donc bien, pour l'essentiel, sur la trilogie fiction-animations-documentaires de création que les programmateurs doivent respecter ces quotas nationaux.

Les œuvres d'expression originale française sont définies à partir d'un critère linguistique : « Constituent des œuvres d'expression originale française, les œuvres réalisées intégralement ou principalement en version originale française, ou dans une langue régionale en usage en France. » Sur la base de ce critère, c'est au CSA (Conseil supérieur de l'audiovisuel) qu'il revient d'attribuer cette qualification, mais la procédure fait, logiquement, intervenir le CNC qui formule un avis sur la base de la déclaration du producteur relative à l'utilisation de la langue de tournage des comédiens, figurant dans les dossiers de demande d'aide à la production. Cette définition linguistique de l'œuvre protégée est en parfaite cohérence avec l'argumentation culturelle avancée au soutien des quotas. Le critère économique d'un financement majoritairement français de la production passe ici au second plan.

Il en va différemment de la deuxième composante des œuvres audiovisuelles prises en compte au titre des quotas : les œuvres européennes.

Sur ce terrain encore, le droit français en a retenu une conception plus stricte et plus détaillée que celle du droit communautaire, en ajoutant des exigences supplémentaires aux critères de la directive.

La complexité de la qualification d'œuvre européenne a justifié la mise en place d'un barème de points (arrêté du 21 mai 1992) prenant en compte la diversité des éléments d'appréciation, selon une logique comparable à celle précédemment analysée pour la mise en œuvre du compte de soutien.

Comme pour les œuvres cinématographiques, ces quotas doivent être respectés dans des créneaux horaires spécifiques : aux heures de grande écoute *(prime time)* correspondant aux plus fortes rentrées publicitaires.

Mais les obligations des chaînes de télévision hertzienne françaises ne se limitent pas aux quotas de diffusion. Elles comportent également des obligations financières de production.

6. **Les obligations de financement.** – Les chaînes ont l'obligation de consacrer 16 % de leur chiffre d'affaires annuel de l'exercice précédent à la commande d'œuvres d'expression originale française et de diffuser un volume horaire annuel d'au moins 120 heures de ces mêmes œuvres, en première diffusion en clair, en France, avec un début de diffusion entre 20 et 21 heures. Ce dispositif constitue le droit commun, mais, de manière alternative, il peut être aménagé, pour les diffuseurs, par voie de conventions avec le CSA pour les chaînes privées, par modification de leurs cahiers des charges pour les chaînes publiques. Le niveau global des commandes est alors élevé au-delà du chiffre de 16 %, au détriment du volume de 120 heures de diffusion. La modulation par les

conventions, ou cahiers des charges, permet de prendre partiellement en compte, dans le calcul du montant des commandes, la commande ou l'acquisition de droits d'œuvres européennes, et la commande d'écriture ou de développement d'œuvres audiovisuelles européennes ou d'expression originale française...

Le système de régulation du cinéma et de l'audiovisuel français se caractérise encore par divers dispositifs culturels complémentaires.

III. – Une variété de dispositifs culturels complémentaires

Pour s'en tenir aux principaux, ils concernent aussi bien des modalités de soutien financier, la place du service public ou le régime des droits d'auteurs.

1. **De l'IFCIC aux SOFICA.** – Il convient de mentionner, parmi les modalités de soutien participant au système global de régulation, le rôle de l'IFCIC (Institut pour le financement du cinéma et des industries culturelles). Créé en 1983, sur l'initiative du ministère de la Culture et du CNC, sous forme de société anonyme (dont l'État est actionnaire à hauteur de 20 % aux côtés d'établissements bancaires et financiers), il intervient pour garantir les prêts de l'industrie audiovisuelle et cinématographique (essentiellement des entreprises de production). Les conditions d'attribution de ces garanties font l'objet de couvertures tripartites État/CNC/IFCIC.

Les SOFICA (Sociétés pour le financement de l'industrie cinématographique et audiovisuelle), créées en 1985, constituent également une modalité complémentaire de financement des œuvres cinématographiques et audiovisuelles françaises. Elles interviennent en termes d'avantage fiscal, ou d'abri fiscal, permettant à des entreprises et à des particuliers de déduire de leurs revenus imposables la totalité des sommes investies dans de telles sociétés pour le financement d'œuvres cinématographiques et audiovisuelles, dans la limite de 25 % de celui-ci (les entreprises pouvant amortir ces sommes à hauteur de 50 % dès la première année). Les conditions d'éligibilité des œuvres à ce financement concernent d'abord la langue : elles doivent être « d'expression originale française » comme pour les obligations de financement des chaînes de télévision. Le seul assouplissement concerne – dans la limite de 20 % des investissements de chaque SOFICA – les coproductions internationales à condition, encore, qu'il s'agisse d'un coproducteur de la Communauté européenne. Elles doivent, conjointement, être éligibles au compte de soutien financier de l'industrie cinématographique et audiovisuelle précédemment analysé.

2. **La place des télévisions de service public.** – Ainsi que cela sera précisé plus loin, les principes de l'OMC, en libéralisant les échanges commerciaux internationaux, peuvent aboutir à la remise en cause de la place même des services publics au sein de l'organisation interne des États membres. La libéralisation internationale des échanges place conjointement les secteurs concernés sur le terrain de l'échange marchand et du droit de la concurrence. La légalité même des financements publics et des « droits exclusifs », inhérents à la constitution des services publics, risque alors d'être contestée pour cause de distorsion de concurrence.

Une controverse juridique de cette nature a déjà surgi en droit communautaire s'agissant des télévisions publiques : plusieurs opérateurs privés italiens, espagnols et français – dont TF1 – ont contesté devant la Commission, puis devant la Cour de justice des Communautés, le double financement des entreprises publiques de télévision, bénéficiant en sus de leurs ressources commerciales, du financement public, notamment constitué par la redevance audiovisuelle, ce dernier financement constituant, selon les requérants, une concurrence déloyale. Et il est vrai que, selon le traité de la Communauté, la nature publique des entreprises concernées est neutre au regard du droit commun de la concurrence. Il en va, *a fortiori* ainsi, au sein de l'OMC. La Directive précitée « Télévision sans frontières » formule, de son côté, des règles applicables à l'ensemble des opérateurs, indépendamment de leur nature publique ou privée. Pour l'ensemble des télévisions, le droit commun de la Communauté concerne les ressources commerciales. Ce sont bien les financements publics qui apparaissent dérogatoires au regard de toute logique de marché, fondée sur la libre concurrence.

Sur le plan communautaire, un premier élément de solution à cette controverse a été dégagé par le Protocole sur la radiodiffusion publique annexé au traité d'Amsterdam (1997) qui procède, pour la première fois, à une reconnaissance des télévisions publiques et de leurs missions spécifiques de service public. Ces missions fondent la légitimité de leur financement public par les États membres, sous réserve qu'il ne porte pas atteinte à l'intérêt communautaire. On aperçoit bien alors la relation, en voie d'émergence normative, entre l'existence même des télévisions de service public et les enjeux culturels, en termes d'opposition aux seules logiques du marché : le financement public vise, précisément, à compenser les missions et les charges propres aux services publics que ceux-ci assument hors de leurs stricts intérêts commerciaux. Ces missions conçues à partir de la trilogie « informer, cultiver, distraire » sont supposées obéir à d'autres fondements et à d'autres finalités que le souci commercial des télévisions privées.

C'est pourquoi le financement public des télévisions publiques en droit communautaire tend à être organisé par référence aux principes de transparence et de proportionnalité. Principe de transparence permettant de distinguer, d'une part, ce qui relève en propre des missions de service public et d'une ambition culturelle, et, d'autre part, ce qui reste commun à une programmation commerciale, ne relevant donc que du financement commercial – notamment publicitaire – de droit commun. Principe de proportionnalité permettant de limiter les financements publics aux seules missions de service public et requérant, notamment, un système de double comptabilité pour distinguer financements publics et ressources commerciales, proportionnellement à la place respective des logiques culturelles institutives du service public et des logiques commerciales fondées sur l'audimat et la maximisation des profits. Toute dérive commerciale des télévisions publiques vulnérabilise ainsi leur existence face au principe de concurrence inhérent à la libéralisation internationale.

3. **Le régime des droits d'auteur.** – Les œuvres audiovisuelles se caractérisent, fondamentalement, par le statut juridique reconnu à leurs auteurs, détenteurs de droits spécifiques de propriété littéraire et artistique sur lesdites œuvres. La loi française du 11 mars 1957 a repris des principes de solution, antérieurement dégagés par la jurisprudence, au profit d'une conception proprement personnaliste de ces droits, et si la loi du 3 juillet 1985 a marqué une incontestable inflexion de

celle-ci, en prenant en compte la dimension économique des évolutions caractérisant l'audiovisuel, elle n'en a pas sacrifié les principes institutifs. Cette conception subit, depuis quelques années, les assauts répétés des mutations techniques et politico-économiques, de plus en plus nettement marquées par la prégnance du marché, et de la circulation mondiale des produits audiovisuels. L'instrumentalisation purement marchande des œuvres cinématographiques et audiovisuelles dans le cadre, notamment, des catalogues – ou « portefeuilles » – de droits détenus par quelques grands groupes industriels multinationaux paraît ne conserver qu'une lointaine, et hasardeuse, filiation avec l'origine des « Lumières » symbolisée par la figure généreuse de Beaumarchais.

La conception française repose pourtant, toujours, sur un corpus hérité de ces origines et sur la prévalence juridique des droits des auteurs sur les exigences du marché. Ces « œuvres de l'esprit » émanent nécessairement de personnes physiques, présumées coauteurs d'une œuvre de collaboration : auteurs du scénario, de l'adaptation, des dialogues, de la musique et, évidemment, réalisateur qui dispose, logiquement, de prérogatives spécifiques. Ce dernier détient, notamment, ce que les Anglo-Saxons désignent en termes de *final cut,* c'est-à-dire du pouvoir d'autoriser ou non la version définitive de l'œuvre, sans que le producteur puisse passer outre.

L'une des composantes les plus symboliques de cette prévalence des enjeux culturels sur la pression du marché est constituée par les prérogatives du droit moral, déclinaisons des droits d'exclusivité, ou de monopole, inhérents à la propriété détenue sur l'œuvre. Le droit moral est perpétuel et inaliénable (art. L 121-1 Code propriété intellectuelle), la renonciation à ce droit étant elle-même frappée d'une nullité d'ordre public. Au titre du droit moral, il appartient notamment à l'auteur de ne divulguer son œuvre au public que de la manière et dans les conditions qu'il juge, seul, convenables. Le droit de repentir ou de retrait permet, complémentairement, à l'auteur de modifier les conditions de l'exploitation de l'œuvre, ou d'y mettre fin. Il s'agit d'un droit exorbitant du droit commun, dérogatoire à la force juridique obligatoire des contrats lorsque l'auteur avait préalablement cédé ses droits patrimoniaux à un producteur. Le droit au respect de l'œuvre confère conjointement à l'auteur le droit d'exiger le respect de l'intégrité de sa création. Nul ne peut ainsi, sans l'accord de l'auteur, procéder à une suppression, adjonction ou modification du contenu de l'œuvre, et cette interdiction vaut, évidemment, pour les cessionnaires des droits patrimoniaux, habilités à exploiter l'œuvre. Contrairement même à d'autres législations européennes et au régime défini par l'article 6 *bis* de la Convention de Berne, en droit français l'auteur n'a pas à justifier la raison pour laquelle il s'oppose à de telles modifications de son œuvre. Les interruptions publicitaires des œuvres, les incrustations de logos ou la colorisation des films noir et blanc, constituent ainsi des atteintes à l'intégrité des œuvres, que les auteurs peuvent interdire. On mesure à quel point ces diverses prérogatives du droit moral sont directement antinomiques des exigences commerciales d'une libre circulation des œuvres, et combien leur exercice effectif pourrait perturber la toute-puissance du marché.

Sur le terrain des droits patrimoniaux permettant à l'auteur d'autoriser contre rémunération des actes d'exploitation de sa création, le droit de représentation et de reproduction constituent également ses prérogatives exclusives juridiquement protégées et auxquelles les modalités d'exploitation par l'entremise des société civiles de gestion collective ont conféré une remarquable effectivité et efficacité.

Cette conception des droits d'auteur, élargie par ailleurs aux « droits voisins », notamment ceux détenus par les artistes-interprètes, est beaucoup moins adaptée aux exigences du libre-échange que le système anglo-saxon du *copyright* que nombre de producteurs et de diffuseurs souhaiteraient lui substituer, le jugeant beaucoup plus conforme à la mondialisation du marché et à la multiplication des supports de diffusion. Le *copyright* se présente, en effet, comme un droit exclusivement économique : les prérogatives de l'auteur n'existent plus en soi, du fait de la création, mais seulement en fonction de la relation contractuelle nouée avec l'exploitant de l'œuvre. Les droits ne naissent que de cette exploitation et ils ignorent tout droit moral distinct du droit patrimonial. L'œuvre étant considérée comme un produit, elle peut bénéficier des dispositions de droit commun issues du droit de la concurrence et du droit des affaires (et donner lieu, par exemple, à des contentieux relatifs à la concurrence déloyale). La notion même d'auteur revêt une tout autre signification : selon la règle du *works made for hire,* l'auteur n'est autre que le producteur ou le commanditaire du produit, ou l'employeur, qui peut être une personne morale...

De manière au moins sous-jacente, les débats autour de l'exception culturelle, parce qu'établis autour d'une confrontation entre une conception du film comme création intellectuelle et une conception du film comme produit économique, interpellaient inévitablement le statut des auteurs et de leurs droits. Les sociétés d'auteurs ne s'y sont pas trompé et ont joué un rôle majeur dans la contestation des principes du GATT, et la mise en œuvre corrélative de l'exception culturelle.

DEUXIÈME PARTIE

LA MISE EN ŒUVRE DE L'EXCEPTION CULTURELLE

Contrairement à des commentaires politiques trop souvent énoncés, le GATT – et aujourd'hui le GATS, dans le cadre institutionnel commun de l'OMC – ne vise pas, simplement, à « mettre du droit » dans les échanges internationaux pour en bannir la « loi de la jungle ». Le droit du GATT n'est pas neutre : il se fonde sur un projet politico-économique clairement libéral, ou libre-échangiste, postulant la prévalence du marché sur toute autre valeur et considérant tout obstacle national, tarifaire ou non tarifaire, comme une pathologie à éradiquer. Le propre du GATT dans sa configuration de 1986, et du GATS depuis les accords de Marrakech de 1994, consiste dans l'accomplissement d'une libéralisation des échanges internationaux, consubstantielle d'une déréglementation à l'échelle des États membres.

C'est contre les menaces d'une telle libéralisation qu'a été forgé l'argument en défense de l'exception culturelle.

Chapitre I

UN ARGUMENT EN DÉFENSE CONTRE LES MENACES DE LA LIBÉRALISATION

I. – Les principes de libéralisation de l'OMC

La dynamique de l'OMC explique que l'un de ses principes majeurs soit celui de la « libéralisation progressive » (titre même de la quatrième partie de l'accord sur les services-AGCS).

1. **Libéralisation progressive et transparence.** – Contrairement à d'autres traités internationaux dont l'existence s'épuise avec la réalisation même de leur objet, les accords commerciaux ici en cause ne se présentent pas comme des traités achevés. Leur contenu correspond seulement à une étape, à une phase d'évolution (c'est-à-dire de libéralisation). La poursuite des négociations est inscrite dans l'objet même de l'accord, pour atteindre un seuil supérieur, dont le stade ultime – en termes de tendance – serait l'ouverture totale de tous les pays, dans tous les domaines. Est-il nécessaire de souligner que cette dynamique participe du processus de mondialisation économique, et de globalisation, vers la *Global Market Place* annoncée, par exemple, par le directeur de la *Harvard Business Review,* Thedor Levitt ?

Il n'est pas inutile dc relever ici le rôle majeur dévolu aux grands réseaux de communication et aux industries culturelles dans l'avènement même de ce marché mondialisé, tant en termes de structuration technico-économique que de « façonnage » de l'imaginaire des consommateurs sur les divers territoires dudit marché global. Concomitamment aux négociations du GATT, le vice-président américain Al Gore, concepteur de la « société de l'information », n'avait-il pas défini la *Global Information Infrastructure* comme « la clef de la croissance de notre économie et de l'économie mondiale »[1] ?

On aperçoit aussitôt comment la structuration même du marché mondial conçu de manière globale appelle une libéralisation spécifique du secteur de la communication ; comment la logique même de l'organisation du commerce international exerce une pression forte à l'égard de celui-ci, et spécialement du secteur audiovisuel.

C'est sur la base de ce principe de libéralisation progressive qu'après la création de l'OMC les négociations se poursuivent au sein de ses structures permanentes, à Genève, et dans le cadre des sommets de la conférence ministérielle qui se réunit tous les deux ans, selon une logique comparable à celle des cycles de négociations du GATT.

Dans ce cadre général, un deuxième principe produit effet : celui de la transparence. Au titre de celui-ci, les gouvernements des États membres ont l'obligation d'informer le secrétariat de l'organisation et les autres États membres de l'état et de l'évolution de leurs législation et réglementation nationales pouvant avoir une incidence sur le commerce et les échanges. Ce principe

1. Discours devant l'UIT – Union internationale des télécommunications, *Agenda for Action IITF (Information Infrastructure Task Force,* 15 septembre 1993.

de transparence vaut implicitement rappel à l'ordre permanent afin de vérifier la conformité de ces dispositifs juridiques nationaux aux règles de l'OMC. Cette dernière comporte un mécanisme d'examen des politiques commerciales des États membres qui assure l'effectivité du principe de transparence. C'est ainsi que toute nouvelle disposition législative ou réglementaire concernant, par exemple, le cinéma ou la télévision, au même titre que toute nouvelle directive communautaire en ce domaine, de nature à modifier l'état des échanges, doit faire l'objet d'une notification.

Les deux principes précités, de libéralisation progressive et de transparence, ne correspondent qu'à des obligations de procédure. Beaucoup plus contraignants et au cœur des enjeux de l'exception culturelle figurent les principes correspondant à des obligations de contenu.

2. **Principe de la nation la plus favorisée.** – Selon ce principe (NPF), tout traitement plus favorable accordé par un État membre aux produits – marchandises ou services – provenant d'un autre État doit être étendu à tout autre État membre s'agissant des produits similaires. La prohibition de toute discrimination, qui est au croisement de tous les principes de l'accord, s'applique ici au regard des différents exportateurs ou partenaires étrangers : tout avantage consenti à l'un doit bénéficier aux autres. L'effet de généralisation inhérent à la clause de la nation la plus favorisée constitue, naturellement, un puissant facteur d'extension de la libéralisation.

Dans le domaine de la production cinématographique et audiovisuelle, l'application d'un tel principe signifierait, par exemple, que les avantages accordés aux productions de pays africains, dans le cadre des politiques publiques d'aide au développement, ou de la francophonie, pourraient êtres invalidés, sauf à être étendus à tout autre État-partie à l'accord pour ses productions similaires. Cela aurait pour effet de les priver de leur pertinence institutive.

Une limite importante à la portée de la clause de la nation la plus favorisée concerne cependant les unions économiques régionales ou les marchés communs – sur le modèle de la Communauté européenne et du marché unique – dont l'existence repose tout entière sur la création d'une zone d'échanges privilégiée. Leur légitimité spécifique est reconnue par l'accord. Le fondement implicite réside dans l'idée selon laquelle ces marchés communs sont, par définition, déjà fondés sur les principes vertueux de libéralisation et d'élimination des barrières nationales au marché, et qu'il conviendra, seulement, d'en élargir ultérieurement le périmètre.

À cet égard, il est significatif qu'une intégration suffisamment avancée puisse permettre à ces regroupements économiques d'États d'être substitués à leurs États membres dans la négociation même des accords ici en cause, avec les difficultés qui peuvent en résulter pour les États membres les moins disposés à renoncer à leurs dispositifs nationaux dans certains secteurs. Tel fut, précisément, le cas pour la France au sein de la Communauté.

Le caractère potentiellement vertueux de tels regroupements au regard de l'application des règles du GATT ou, en l'occurrence du GATS, se manifeste s'agissant des principes les plus contraignants dont l'application concerne globalement, et solidairement, tous leurs États membres.

3. **Principes du traitement national et de l'accès au marché.** – Le principe du traitement national pour-

rait, à lui seul, résumer toute la « philosophie » du GATT. Selon ce principe, comme son appellation l'indique, les États membres doivent traiter les produits étrangers, et leurs producteurs, comme leurs produits nationaux, comme ceux de leurs propres ressortissants. Il s'agit, évidemment, du principe le plus directement antinomique de l'ensemble du système de régulation, patiemment mis en place, de soutien du cinéma français et de l'audiovisuel européen. Toute problématique de quotas nationaux ou européens en est, fondamentalement, antinomique. Si les financements publics émanant d'un compte de soutien – sur le modèle du soutien automatique ou du soutien sélectif, précédemment évoqués – ne sont pas nécessairement prohibés, le principe du traitement national les dépouille intégralement de leur pertinence dès lors qu'ils devraient bénéficier, dans les mêmes termes, aux productions étrangères constituant, comme pour l'application du principe de la nation la plus favorisée, un « produit similaire » *(like products)*. Eu égard au pourcentage d'entrées recueilli en salles, les films américains seraient même les principaux bénéficiaires de ce compte spécial du Trésor public français.

L'article XVII de l'accord souligne formellement qu'une entreprise étrangère doit bénéficier des mêmes financements publics – ou subventions – qu'un opérateur national, même s'il s'agissait d'un service public. Les effets d'une libéralisation de l'audiovisuel pourraient ainsi remettre en cause non seulement le système de financement des œuvres cinématographiques et audiovisuelles, mais aussi l'existence même du service public de l'audiovisuel dès lors que celui-ci serait considéré comme d'une nature « similaire » à celle des opérateurs étrangers autorisés à bénéficier d'une « présence commerciale » (cf. *infra*) sur le territoire français. Ainsi la clause du traitement national peut-elle être considérée comme à double détente : logique d'élimination des financements publics au profit de personnes privées, mais aussi privatisation de services publics.

Des mesures telles que les quotas nationaux et européens sont en contradiction, de surcroît, avec un autre principe du GATS : le principe de l'accès au marché dont le propre est précisément d'éliminer toute forme de restrictions quantitatives, frappant les productions étrangères à l'exportation ou à l'importation. Mais ce principe intervient de manière quelque peu surabondante par rapport aux effets du traitement national.

Il en va également ainsi s'agissant des modalités de financement du cinéma et de l'audiovisuel français, au regard de la réglementation des subventions nationales pouvant être considérées comme des modalités de *dumping,* prohibées dès lors qu'une telle contribution financière des pouvoirs publics constitue un avantage permettant de vendre un produit à un prix inférieur à son véritable prix de revient.

Mais ces différents principes de libéralisation ne sont pas mis en œuvre selon des modalités uniformes, et ils n'interviennent pas avec le même statut au regard des obligations contractées par les États membres.

4. **Les modes de fourniture des services.** – Les services concernés par l'accord peuvent être fournis selon quatre modes distincts, les États membres pouvant choisir de ne pas ouvrir tous les modes de fourniture.

Le premier mode concerne la fourniture d'un service en provenance du territoire d'un État membre et à destination du territoire de tout autre État membre. C'est l'hypothèse classique, concernant, par exemple, dans le cadre européen, le principe de libre réception des programmes de télévision en provenance d'un opérateur d'un autre État membre. Dans les mêmes termes, il s'agit de l'exploitation, ou de la diffusion de films cinématographiques américains en France, qui est bien au cœur des questions précédemment évoquées.

Le deuxième mode, également classique, concerne la fourniture d'un service sur le territoire d'un État membre à l'intention d'un consommateur de tout autre État membre. Ce mode de fourniture ne pose pas de problème spécifique dans les domaines du cinéma ou de l'audiovisuel : tout « consommateur » de services audiovisuels, c'est-à-dire de films ou de programmes audiovisuels, peut y accéder sur le territoire français – ou de n'importe quel État membre – quelle que soit sa nationalité.

Le troisième mode concerne la présence commerciale d'un État membre sur le territoire d'un autre État membre. Cette présence commerciale s'entend en termes d'investissement étranger, soit sous forme de participation étrangère au capital d'une société nationale du territoire d' « accueil », type société mixte ou *joint venture,* soit sous forme de société filiale détenue à 100 % par la société mère, ou holding, étrangère, soit sous toute autre forme de présence d'intérêts commerciaux étrangers.

Cette hypothèse est, comme la première, directement concernée par le secteur cinématographique ou audiovisuel : les réglementation française et européenne présentent de nombreux dispositifs discriminants qui seraient remis en cause dans l'hypothèse d'une libéralisation conforme aux principes du GATS : les critères de définition des œuvres bénéficiaires des financements publics intègrent des éléments relatifs à la nationalité des producteurs, et la participation même au capital d'une entreprise privée de diffusion télévisuelle est plafonnée à 20 %.

Le quatrième mode de fourniture concerne la présence de personnes physiques ou « naturelles » provenant d'un État membre sur le territoire d'un autre État membre. Il concerne donc l' « importation », par l'entreprise transnationale installée sur le territoire, du personnel qu'elle juge nécessaire à la fourniture du service.

Cette hypothèse peut poser de redoutables problèmes dans divers secteurs de services, au regard de la remise en cause du droit social et des conditions salariales, pouvant participer d'un processus de dérégulation du marché du travail dans les États d'installation. De telles implications éventuelles pourraient ne pas être négligeables, dans les domaines artistiques considérés, s'agissant, par exemple en France, du statut des « intermittents du spectacle » (comédiens, techniciens du cinéma et de l'audiovisuel) déjà aux prises avec de vigoureuses contestations de la représentation patronale au sein de l'UNEDIC. Au-delà du droit social, la nationalité des personnels utilisés constitue également, comme celle de la composition du capital, l'un des critères d'identification des œuvres bénéficiaires des financements publics. La libéralisation de ce mode de fourniture, comme le précédent, ne manquerait donc pas de remettre en cause des éléments fondés sur des enjeux proprement culturels et relatifs à la protection et à la stimulation de la création cinématographique et audiovisuelle nationale.

Conjointement à la distinction des modes de fourniture, il convient ensuite, et surtout, de distinguer le statut juridique respectif des principes de libéralisation précédemment évoqués, au regard des obligations contractées par les États.

5. **Obligations générales et engagements spécifiques.** – La structure de l'accord se décompose, en effet, en deux volets : d'une part, un accord-cadre couvrant toutes les activités rentrant dans la catégorie des services ; d'autre part, des « listes d'engagements » *(schedules)* souscrites par chaque État, mentionnant les secteurs, ou sous-secteurs, et les modes de fourniture correspondants, dans lesquels l'État précise l'ampleur et les modalités de l'ouverture qu'il consent aux produits étrangers selon les principes du GATT.

Les « obligations et disciplines générales » correspondent ainsi au premier volet ; les « engagements spécifiques » (partie III de l'accord), au second volet.

Les grands principes précédemment mentionnés sont ainsi dotés d'un statut – ou d'une portée – distinct, au regard des obligations contractées par les États membres selon qu'ils figurent dans le premier ou dans le second volet. Les principes de libéralisation progressive, de transparence et de la nation la plus favorisée figurent dans le premier volet ; les principes, les plus contraignants, du traitement national et de l'accès au marché (art. XV et XVII de l'AGCS) figurent dans le second volet.

Il existe, évidemment, une relation d'interdépendance entre les deux. D'abord, le propre de ces engagements, lorsqu'ils sont souscrits, est de produire un effet juridique obligatoire sur le contenu des législations et réglementations nationales qui doivent y être rendues conformes, sous le contrôle de l'OMC, et éventuellement, de son organe de règlement des différends, au même titre que les « obligations et disciplines générales ». Ensuite, la dynamique de la libéralisation progressive prend tout son sens au regard des listes d'engagements spécifiques des États, destinées à être étendues et complétées, au fur et à mesure de la poursuite des négociations : l'article XIX de l'accord le précise expressément : les négociations à venir sont « destinées à accroître le niveau général des engagements spécifiques » afin de concourir à la « libéralisation progressive ». Enfin, lorsqu'un État aura inclus un secteur, ou sous-secteur, de services dans sa liste d'engagements, il lui sera difficile, en termes de politique publique éventuellement choisie par un gouvernement ultérieur, de revenir sur cet engagement : il ne le pourra (art. XXI de l'accord) qu'à condition d'assurer une « compensation » à tous les États membres qui seront affectés par cette nouvelle politique, sous forme d'ouverture d'un autre service de valeur équivalente ou, à défaut, d'une indemnisation financière.

La récusation des principes du GATT dans le secteur de l'audiovisuel au nom du caractère culturel des services en cause s'est cependant heurtée à une série de difficultés d'ordre à la fois politique et de procédure.

II. – Les modalités de la défense européenne

L'argument de l'exception culturelle est d'abord apparu comme la thèse conçue et défendue, de manière prévalente, par la France, et parfois assimilée, de ce fait, à une « exception française » (cf. *supra*), alors que la négociation du GATT était menée par la Commission européenne au nom de la Communauté, et non directement par les États membres de celle-ci. Cette négociation était, ensuite, organisée comme une négociation globale, fondée sur le consensus, et prenant en compte la diversité des secteurs de services. La difficulté consistait, enfin, à traduire dans des termes juridiquement adaptés à la structure normative du GATT le rejet de l'application de ses principes pour cause d'exonération culturelle.

1. **De la France à la Commission européenne.** – Quant au fond même de la négociation relative à la libéralisation de l'audiovisuel, la situation aurait pu paraître limpide : un rapport de forces avait été engagé par les États-Unis, réclamant hautement l'application des règles du GATT en ce domaine, en termes, souvent, de véritable diktat. Le lobbyiste Jack Valenti, au nom des grandes *majors companies* américaines regroupées au sein de la MPAA *(Motion Picture Association of America),* avait, plusieurs fois, prévenu : « Si l'audiovisuel ne rentre pas dans le GATT, Bill Clinton – alors président des États-Unis – ne signera pas les accords commerciaux. » En réponse, les représentants du gouvernement français avaient, tout aussi clairement, affirmé, que si l'exception culturelle n'était pas retenue : « Nous ne signerons pas. »[1]

Face à une opposition aussi tranchée, on aurait pu conclure que l'issue de la négociation – accord ou défaut d'accord sur l'audiovisuel – se présenterait comme la résolution de ce rapport de force en faveur de l'une ou l'autre des deux parties. En réalité, la situation relevait d'un dispositif beaucoup plus complexe dès lors que la France ne participe pas directement, à titre autonome, aux négociations. En vertu des transferts de souveraineté propres à la construction européenne, c'est la Communauté européenne, qui, par l'entremise de la Commission, son organe intégré, représente collectivement – et solidairement – les États membres. Douze à l'époque, quinze

1. Par exemple J. Toubon, alors ministre de la Culture ; *Le Figaro,* 14 septembre 1993.

aujourd'hui, ce qui signifie que, quelle que soit la netteté de ses engagements, la France ne pouvait – et ne peut davantage aujourd'hui – bloquer le processus de négociation. Elle doit, d'abord, faire partager lesdits engagements au sein de la Communauté.

Cette tâche se heurte à des difficultés de portée structurelle touchant à la nature même de la Communauté, aussi bien qu'à des difficultés plus conjoncturelles concernant le sort spécifique de l'audiovisuel.

a) Les ambiguïtés structurelles : le libéralisme européen. La Communauté européenne, depuis le traité de Rome, en 1957, s'est elle-même construite sur les fondements de principes libéraux, de liberté des échanges entre les pays membres, autour des quatre libertés fondamentales de libre circulation des marchandises, des services, des capitaux et des personnes. Cette logique libérale a été profondément accentuée par les traités ultérieurs – Acte unique de 1986 créant le marché unique européen, traité de Maastricht de 1992, traité d'Amsterdam de 1997 – et par l'interprétation prévalente, précisément donnée par la Commission, des dispositions conventionnelles.

Le positionnement de la Commission européenne au sein des négociations de l'*Uruguay Round,* puis ultérieurement dans le cadre de l'Accord général sur les services (AGCS ou GATS), est, corollairement, marqué du sceau de l'ambivalence : d'une part, l'intégration régionale européenne se construit indépendamment, sinon parfois contre les autres grandes puissances économiques comme les États-Unis, mais, d'autre part, cette construction se réalise sur la base des mêmes principes, également supposés vertueux, du libre-échange et du marché concurrentiel. De telle sorte que les négociations européennes au sein de périmètres de libéralisation plus vastes, tels que celui du GATT, ou aujourd'hui de l'OMC, pourraient être affectées d'un zeste de schizophrénie : comment refuser au sein de l'OMC la mise en œuvre de principes et de modalités de régulation jugés opératoires au sein de la Communauté ?

En réalité, dans nombre de cas, cette schizophrénie ne trouve pas à s'exprimer dès lors que les positions de la Commission européenne, du fait de ces déterminantes structurelles, apparaissent bien complémentaires de celles qui fondent l'existence même de l'OMC, au profit de la liberté d'action des grandes entreprises opérant sur le marché mondial. C'est ainsi qu'en mars 2000, après la reprise des négociations au sein de l'OMC, le site Internet de la Commission ne craignait pas d'afficher que « la participation active des industries de service est cruciale pour nous permettre d'aligner nos objectifs de négociation sur les priorités des entreprises. L'AGCS n'est pas seulement un accord entre les gouvernements. C'est, avant tout, un instrument au bénéfice des milieux d'affaires »[1].

Les commissaires européens successivement chargés du commerce, et qui représentent la Commission dans les négociations dont il s'agit – le Britannique Lcon Brittan, puis le Français Pascal Lamy – sont, conjointement, très impliqués auprès des groupes de *lobbying* réunissant les grandes entreprises des deux côtés de l'Atlantique, à l'instar du *Transatlantic Business Dialogue (TABD)*.

b) Des difficultés conjoncturelles : la conception de l'audiovisuel. La question spécifique du statut de l'audiovisuel met au jour de sensibles différences d'ap-

1. *Opening World Markets for Services, Towards GATS 2000...* ; site : http://gats-info.eu.int/gatsinfo/g2000.

préciation au sein même de la Communauté, comme en avait rendu compte quelques années auparavant la laborieuse élaboration de la directive « Télévision sans frontières ». La frilosité, voire la nette opposition initiale de certains États membres à l'adoption de dispositifs protectionnistes tels que les quotas, ne les conduisait guère à défendre au sein du GATT ce qu'ils avaient préalablement combattu au sein de la Communauté. Au-delà de la seule opposition des conceptions en présence, c'est en termes d'intérêt direct et d'enjeux concrets que la France se trouvait dans un certain isolement, représentant à la fois le système de régulation du cinéma le plus complet et le plus sophistiqué, et la production cinématographique la plus importante en termes économiques. La plupart des autres pays européens subissant déjà nettement le poids de l'hégémonie américaine sur le propre marché national pouvaient penser qu'ils avaient moins d'enjeux réels et symboliques à sauvegarder...

Dans ce contexte difficile, le fait que le commissaire au commerce chargé de la négociation, Sir Leon Brittan, fut un conservateur britannique, proche de Mme Thatcher, ne constituait évidemment pas un élément particulièrement favorable à l'exercice d'une médiation efficace des thèses françaises auprès des interlocuteurs américains. Nombre de commentateurs autorisés des négociations n'avaient pas manqué de souligner combien les convictions du commissaire européen étaient cousines de celles du négociateur américain, Mickey Kantor... Sir Brittan ne croyait pas au bien-fondé de l'exception culturelle réclamée par la France, convaincu, à l'inverse, que la compétence du GATT à l'égard de l'audiovisuel pourrait déployer ses bienfaits dans ce domaine comme dans les autres, pour peu que l'on prenne en compte un certain nombre de spécificités des services en cause. Ces flottements stratégiques produisirent évidemment des conséquences quant à la formulation même de la position européenne face aux prétentions américaines (cf. *infra*).

Ces ambiguïtés et difficultés relatives aux modalités de défense de l'exception culturelle étaient aggravées par le champ même des négociations et la procédure correspondante.

2. **Caractère global de la négociation et consensus.** – Le cycle de négociations ouvert à Punto del Este portait sur une multiplicité d'objets, correspondant à une diversité de projets d'accords. Au terme de ce cycle, l'OMC constitue le « cadre institutionnel commun » d'une diversité d'accords, qui ont tous, en commun, de libéraliser le commerce international : le GATT ne constitue désormais que l'un d'entre eux, couvrant toujours le domaine des marchandises, avec quelques modifications découlant de l'accord de Marrakech. D'autres accords concernent l'agriculture, les mesures sanitaires et phytosanitaires, les mesures concernant l'investissement et liées au commerce, les obstacles techniques au commerce... et s'agissant des domaines directement concernés par le présent propos, l'accord sur les aspects des droits de propriété intellectuelle liés au commerce (ADPIC – ou TRIPS, en anglais : *Trade Related aspects of intellectual Property rights*), et évidemment, surtout, l'AGCS, ou GATS.

Pour s'en tenir à ce seul domaine des services, l'ampleur des activités concernées a été codifiée autour de onze grands secteurs – douze en intégrant la catégorie résiduelle Autres – identifiés sous les rubriques : affaires, communications, construction-ingénierie, distribution, éducation, environnement, finances, santé-services sociaux, tourisme, loisirs-culture-sports, transports. Ces secteurs se subdivisent, à leur tour, en une multiplicité de sous-secteurs répertoriés autour de quelque 160 services distincts, allant des services juridiques, bancaires, ou d'assurances à l'architecture, la décoration, la publicité en passant, précisément, par l'audiovisuel, les spectacles, les télécoms, etc.

Dans le contexte de la négociation globale portant sur des domaines aussi nombreux, les pressions étaient, logiquement, fortes d'un domaine à l'autre, l'audiovisuel pouvant, par exemple, constituer un élément de concession, sinon une « monnaie d'échange », au profit de secteurs d'un poids économique plus décisif pour un certain nombre de pays membres de la Communauté. Cette interdépendance potentielle des divers secteurs de négociations contribuait, en tout cas, au choix du négociateur de la Commission de vouloir inclure l'audiovisuel dans l'accord en négociation : la Communauté européenne est le premier exportateur de services dans le monde, et son refus de prendre en compte l'audiovisuel pouvait, en contrepartie, entraîner le refus de ses principaux interlocuteurs de libéraliser d'autres secteurs. Cet argument pouvait, cependant, lui-même être relativisé, car il vaut, dans les mêmes termes inversés, pour d'autres secteurs à l'égard desquels d'autres États souhaitent conserver une protection nationale, à l'image, par exemple, des transports maritimes pour les États-Unis.

Les effets perturbateurs du caractère global de la négociation sont aggravés par une autre caractéristique procédurale, concernant l'adoption des textes par voie de consensus, ce qui signifie que l'accord entre les parties n'est pas le produit d'un vote formel se traduisant par une opposition majorité/minorité, mais que le contenu de l'accord est adopté par l'acceptation tacite – ou la non-opposition expresse – de toutes les parties contractantes. Le propre d'une telle procédure est de gommer les positions les plus nettes, de noyer partiellement les sujets d'opposition au profit de formules de compromis, caractéristiques des logiques de la *soft law* (droit mou) ayant englouti la rigueur et la clarté des positions initiales et requérant, ensuite, l'intervention contentieuse d'un juge pour dégager l'interprétation adéquate, de telle sorte que la jurisprudence joue un rôle non négligeable avec tous les aléas que cela suppose. C'est ce qui explique que l'un des apports importants des accords de Marrakech concerne la création d'un organe de règlement des différends (ORD), au terme d'un accord spécifique sur les règles et les procédures régissant le règlement des différends. L'ORD intervient comme juridiction suprême de l'OMC ayant notamment la compétence de déclarer non conforme aux textes de l'OMC telle ou telle disposition des législations nationales des États membres et d'imposer, corrélativement, des sanctions financières aux États concernés.

Eu égard à un tel environnement procédural, il eût été souhaitable que les argumentations développées au fond contre l'application des principes du GATT, et les prétentions américaines, soient suffisamment claires et rigoureuses en termes d'opérationnalité juridique. Tel n'a pas été exactement le cas durant les négociations : la notion d'exception culturelle a été utilisée par les négociateurs européens dans l'approximation et la confusion, alternativement à d'autres notions supposées produire les mêmes effets.

3. **L'exception culturelle entre spécificité et exclusion.** – Le concept d'exception culturelle, invoqué

pour récuser l'application des principes libéraux du GATT à l'audiovisuel, l'a été de manière tardive et, semble-t-il, hors de toute réelle expertise juridique préalable. À l'origine, c'est-à-dire en 1986, lors du lancement de l'*Uruguay Round,* et au cours des premières étapes de la négociation, la Communauté européenne n'a pas contesté que l'audiovisuel – et la culture – figurent parmi les domaines d'extension des compétences du GATT, étant même expressément précisé, notamment lors de la conférence dite de mi-parcours, à Montréal, en 1988, que les « principes généraux du GATT » seraient bien applicables à ces services. Durant une longue période, nul débat public, nulle objection de principe ne vinrent troubler la négociation. Chacun paraissait se satisfaire de la formule incantatoire proclamée par le président de la Commission européenne selon laquelle « l'audiovisuel n'est pas une marchandise comme les autres » sans en déduire une stratégie spécifique permettant d'écarter les règles du GATT. Cette formule politique très approximative (l'audiovisuel relevant de la catégorie des services et non des marchandises) restait, au demeurant, proprement tautologique sur le terrain juridique, dès lors que dans le cadre du GATT, comme cela a été précédemment évoqué, qu'il s'agisse, par exemple, des listes d'engagements de libéralisation des États membres ou des modalités de fourniture les concernant, aucune marchandise – ou service – n'est totalement réductible au statut de toutes les autres.

a) La spécificité culturelle. La formule qui fut retenue ensuite par la Commission, et approuvée par le Parlement européen (en juillet 1993), alors que la contestation des professionnels du cinéma et de l'audiovisuel avait déjà bénéficié en France d'un important écho médiatique et politique, fut celle de la spécificité culturelle, postulant bien l'application des règles du GATT sous réserve d'un régime juridique spécifique. Une telle clause ne pouvait constituer une garantie contre les risques inhérents à la compétence du GATT. À telle enseigne que les négociateurs américains eux-mêmes l'avaient, d'une certain façon, déjà acceptée avec la création, dès 1990, d'un « groupe de travail sectoriel spécifique à l'audiovisuel ».

C'est ce qui explique que le Parlement européen, tardivement conscient des véritables données et enjeux en cause, adopta une nouvelle résolution, deux mois plus tard (30 septembre 1993), récusant la clause de spécificité et se ralliant au principe de l'exception culturelle dont le bien-fondé venait de lui être démontré par plusieurs délégations de professionnels de l'audiovisuel.

Sur le terrain proprement juridique, cette dernière notion souffre cependant elle-même de redoutables ambiguïtés.

b) Les différentes significations juridiques de l'exception culturelle. Certes, dans l'esprit de la plupart de ses promoteurs – artistes, cinéastes, sociétés d'auteurs –, elle veut signifier que, pour des raisons culturelles, les principes du GATT ne devaient pas s'appliquer aux échanges internationaux de services audiovisuels ou, mieux, que ces derniers, comme le secteur culturel, ne doivent pas être inclus dans le champ de compétences du GATT, ce pourquoi certains juristes acquis à cette cause proposaient que soit retenue une meilleure traduction juridique, plus directe et plus opératoire, de cette attente sociopolitique, en termes d'exclusion culturelle[1].

1. Cf. par exemple S. Regourd, Pour l'exclusion culturelle, *Le Monde diplomatique*, juin 1993.

Selon l'architecture même des accords du GATT, la notion d'exception pouvait, en effet, revêtir une tout autre signification. D'une part, pour les raisons déjà évoquées, d'éminents spécialistes de l'institution en cause avaient pu souligner de façon générale que « le GATT ne vit que par les exceptions qu'il admet à ses propres règles »[1]. D'autre part et surtout, le régime des « exceptions générales » était déjà expressément codifié à l'article 20 de l'accord (art. XIV de l'AGCS) prévoyant la non-application des règles de l'accord lorsqu'une partie contractante invoquera la nécessité pour elle de sauvegarder certaines valeurs essentielles qui seraient remises en cause par l'application ordinaire des règles du libre marché. Ainsi pour l'ordre public, la moralité publique ou la santé publique. Selon cette acception de la notion d'exception, retenue un temps par certains fonctionnaires français impliqués dans le suivi de la négociation, l'exception culturelle signifiait que la culture serait ajoutée à la liste des exceptions générales et pourrait, comme l'ordre public ou la santé, être invoquée comme cause exonératoire des obligations juridiques du GATT, dès lors que, dans une conjoncture déterminée, ces dernières s'avéreraient contraires à la sauvegarde de la culture nationale d'un État membre.

Ainsi, selon cette signification juridique littérale, les principes du GATT auraient bien été applicables, de manière générale, à l'audiovisuel, sauf lorsque, par exception, l'application de ces principes de non-discrimination entre services nationaux et étrangers aurait pour effet de mettre en péril la culture d'un

1. Cf. par exemple G. de Lacharrière, L'examen par le GATT du traité de Rome instituant la Communauté économique européenne, *AFDI*, 1958, p. 641.

pays alors légitimé à invoquer ladite exception. On mesure immédiatement les difficultés d'interprétation qui n'auraient pas manqué de surgir dans la pratique, s'agissant de contrôler si les valeurs culturelles d'un pays étaient effectivement contrariées pour des causes imputables aux productions audiovisuelles, ou cinématographiques, « venues d'ailleurs ». D'abord, parce que, de manière générale, les « mesures nécessaires » ainsi évoquées au soutien de l'exception ne doivent pas, précise le texte, constituer une « restriction déguisée au commerce des services ». Ensuite, et surtout, parce que, dans ce domaine spécifique, les protagonistes en cause – France et États-Unis, par exemple – ne partagent nullement les mêmes définitions de la culture et que, par hypothèse, les États-Unis contestent la nature culturelle des productions audiovisuelles et cinématographiques.

c) Le déficit juridico-sémantique de la cause culturelle. Ces aléas juridiques avaient été perçus – et exploités – par les membres de la Commission européenne qui, à l'instar de leur président, avaient argué de ce que l'exception culturelle revendiquée par la France et ses professionnels pourrait générer de graves difficultés d'application, ouvrant les portes à la logique – toute anglo-saxonne – des *lawyers* appelés à nourrir des contentieux en cascade selon une casuistique périlleuse. Eu égard à la conception dominante de la Commission, ces aléas juridiques réels avaient fourni un prétexte, en forme d'argutie, pour récuser la thèse de l'exception culturelle au profit de la spécificité notamment défendue par Leon Brittan. Ce dernier continuait, en effet, de négocier sur la base de la clause de spécificité après que le Parlement européen, et surtout, quelques jours plus tard (5 octobre 1993), les douze ministres chargés de la Culture et de l'Audiovisuel réunis à Mons, en Belgique, se furent exprimés en faveur de l'exception culturelle.

On pourrait, certes, analyser ce phénomène de distorsion entre la position du Conseil des ministres, et du Parlement européen, et celle défendue au nom de la Commission, en termes de « déficit démocratique » souvent dénoncé, de la construction communautaire. Mais, en l'espèce, il paraît plus adéquat de l'imputer à ce que l'on pourrait qualifier de déficit juridico-sémantique qui a caractérisé le débat sur l'exception culturelle, en l'absence d'un mandat clair confié au négociateur. D'autant qu'à ce moment de la négociation, il semble bien que les contenus respectivement donnés à l'exception culturelle par les ministres européens, et à la spécificité culturelle par Leon Brittan au nom de la Commission, soient... assez exactement identiques !... Lors de la réunion précitée du 5 octobre 1993, le Conseil des ministres de la Culture a, en effet, défini le contenu de l'exception culturelle autour de six points : exemption de la clause de la nation la plus favorisée, maintien et développement des aides publiques et subventions, maintien du pouvoir de réglementer les technologies et modes de transmission, maintien de la liberté d'aider le secteur audiovisuel (alors même que ce point 4 paraissait quelque peu redondant du point 2), non-soumission au principe de l'élévation progressive du niveau de libéralisation, maintien de l'acquis communautaire et, en particulier, de la directive « Télévision sans frontières ». Or ces six points étaient conjointement repris par les services du négociateur de la Commission pour identifier le statut de spécificité culturelle !...

La question centrale consistait cependant à savoir comment ces six principes allaient, concrètement, pouvoir être instrumentalisés pour empêcher les effets de dérégulation inhérents à la structure juridique du GATT. La réponse du négociateur européen n'était guère de nature à éviter les ambiguïtés lorsqu'il les présentait comme destinées à « nourrir le débat »... La plupart de ces principes ne permettaient pas, en tant que tels, de neutraliser les risques encourus par l'audiovisuel européen. Ainsi le maintien des aides publiques et subventions aussi bien que le maintien du pouvoir de réglementer pouvaient ne constituer que des « victoires à la Pyrrhus », car leur légalité au regard des règles du GATT ne concerne que leurs conditions d'application. Ce qui fait problème n'est pas en soi le maintien des aides publiques, mais qu'elles soient réservées aux productions nationales.

Ce déficit juridico-sémantique n'aurait, en réalité, pu être comblé que par le recours à une autre notion, plus opératoire sur le plan juridique : celle de l'exclusion culturelle.

d) L'exclusion culturelle. Sur le plan sémantique, cette dernière formulation paraît plus conforme aux fondements de la revendication initiale des professionnels du cinéma et de l'audiovisuel visant à refuser l'application des principes du GATT dans ce secteur, c'est-à-dire bien à exclure celui-ci du champ de celui-là.

Sur le plan juridique, c'est précisément une telle clause d'exclusion qu'a réussi à obtenir le Canada dans son traité de libre-échange avec les États-Unis, l'ALENA (Accord de libre-échange nord-américain), négocié parallèlement – 1988 – à l'*Uruguay Round.* L'article 1205 de l'accord en exclut expressément l'ensemble du secteur culturel au premier rang duquel figure l'audiovisuel[1].

1. Cf. par exemple T. Flory, L'accord de libre-échange américano-canadien, *AFDI,* 1988, p. 549 et s.

La portée d'une telle clause d'exclusion culturelle présente, évidemment, la vertu majeure de la clarté juridique : elle aurait écarté, purement et simplement, la compétence du GATT et l'application corrélative de ses principes libre-échangistes, des secteurs porteurs d'enjeux culturels dont on estime qu'ils ne sont pas des « marchandises ». On mesure, à cet égard, combien les mots véhiculent du sens : la formule si souvent rabâchée en France selon laquelle les œuvres culturelles ne sont pas des marchandises comme les autres, et qui constitue le substrat « philosophique » de l'exception culturelle, postule, encore que ces œuvres sont des marchandises, mais, parce que « pas comme les autres », requièrent un traitement spécifique, ou d'exception...

Il est alors permis de s'interroger sur le point de savoir si l'Europe n'aurait pu obtenir dans le cadre du GATT – c'est-à-dire, *in fine,* de l'OMC – ce que le Canada avait obtenu dans le cadre de l'ALENA. Mais en ces termes la question serait, vraisemblablement, mal posée : il ne s'agit pas de savoir ce que l'Europe *pouvait* obtenir, mais ce qu'elle *voulait* obtenir. Or, pour les raisons déjà évoquées, la Communauté européenne avait récusé une telle solution.

III. – Les acquis de l'exception culturelle

La solution finalement retenue ne correspondit ni à cette exclusion ni à l'exception culturelle définie dans les termes qui précèdent. Elle fut empiriquement dégagée des circonstances mêmes de la négociation contraignant la délégation américaine à clore ces négociations avant la date butoir prévue dans le mandat conféré par le Congrès à l'exécutif du président Clinton. Aucune solution n'étant en voie d'aboutir, avant l'échéance de ce mandat, dans la confrontation sur l'audiovisuel entre les requêtes américaines et les objections européennes, la seule issue pour parvenir à un accord global, sur l'ensemble des autres sujets négociés, était de renoncer à formaliser des engagements spécifiques dans ce domaine de l'audiovisuel. Ce qui fut fait.

1. **L'absence d'engagements européens de libéralisation.** – La seule solution de compromis, pour éviter l'échec global des négociations, fut, pour l'essentiel, l'absence de tout engagement européen visant à expliciter le statut de l'audiovisuel. Telle est la situation découlant des accords de Marrakech. Ainsi les commentaires dominants en France, aussi bien dans la sphère des organisations professionnelles que de la classe politique, furent-ils empreints d'un certain triomphalisme : l'exception culturelle s'était imposée. La célébration quasi unanime de ce grand succès diplomatique contre le Goliath américain occultait une réalité plus ambiguë.

Sur le terrain de la symbolique politique et de l'efficience économique, il ne fait guère de doutes que l'issue de la négociation peut être considérée comme positive par rapport aux revendications de l'exception culturelle : aucun des mécanismes de régulation et de soutien aux industries audiovisuelles européennes, qu'il s'agisse des quotas ou des modalités de financement public, n'a été remis en cause. Les prétentions américaines visant à démanteler ces systèmes nationaux de protection ont, incontestablement, échoué. La Communauté européenne n'a pris aucun engagement de libéralisation dans le secteur audiovisuel et cinématographique. Elle n'a pas consolidé l'accès à son marché, de telle sorte qu'elle reste libre de prendre de nouvelles mesures. La clause de la nation la plus favorisée ne s'applique pas davantage du fait de la dérogation relative aux intégrations économiques régionales, et des exemptions à cette clause ont été déposées pour protéger les accords de coproduction extérieurs à la Communauté. S'agissant de l'accord spécifique conclu sur les aspects des droits de la propriété intellectuelle touchant au commerce (ADPIC), il présente nombre d'aspects positifs, notamment pour endiguer les pratiques du piratage et élargir le périmètre géographique de protection des droits d'auteur et des droits voisins, alors que les législations de nombre d'États membres restaient particulièrement défaillantes en ce domaine. Les bases juridiques de l'OMPI (Organisation mondiale de la propriété intellectuelle) se retrouvent dans cet accord, même si, comme on pouvait le redouter, le droit moral n'y est pas consacré. Cette absence ne remet pas en cause le régime de celui-ci dans les États membres où il est en vigueur, comme la France.

2. **L'ambiguïté des acquis.** – Sur le terrain des qualifications juridiques, l'on pourrait, assurément, gloser sur la base des définitions précédemment avancées et retenir que le statut de l'audiovisuel finalement consacré en creux, dans l'accord général sur le commerce des services, ne correspond pas à ces définitions littérales de l'exception. Mais comme l'a notamment montré le philosophe Wittgenstein, le juriste sait bien que tout langage est conventionnel et que les mots n'ont d'autre signification que celle que leur confère les usages. Sauf à tomber dans le fétichisme juridique, force est de constater que la notion d'exception culturelle est, désormais, unanimement usitée pour qualifier la situation de l'audiovisuel et du cinéma telle qu'elle résulte des accords de l'OMC. Cet usage ne trahit pas le

substrat qui en est à l'origine : le secteur en cause fera *exception* à l'application des *principes* de libre-échange de l'OMC.

Au-delà des questions de qualification formelle, l'ambiguïté naît du contenu juridique que recouvre cette qualification : d'une part, l'audiovisuel – et la culture – relèvent bien de la compétence de l'OMC puisque nulle disposition ne les en a exclus. Mais, d'autre part, l'Europe, n'ayant pas souscrit d'engagements dans ces domaines, les principes les plus contraignants du traitement national ou de l'accès au marché ne lui sont pas opposables. Cette ambiguïté de statut peut être synthétisée en retenant que la compétence de l'OMC reste potentielle, ou virtuelle, jusqu'au prochain cycle de négociations. Il est, en effet, un principe général à l'égard duquel l'exception culturelle est restée parfaitement inopérante : celui de la « libéralisation progressive et accrue », qui oblige les États membres à poursuivre les négociations pour l'ouverture du libre commerce dans tous les domaines, ce qui revient à dire que l'exception culturelle, dans les contours selon lesquels elle a été consacrée, est juridiquement provisoire ou, si l'on préfère, en sursis.

C'est ce qui explique l'écho considérable suscité par les propos de Jean-Marie Messier, en décembre 2001, proclamant la mort de l'exception culturelle, dans une période où la renégociation des accords de l'OMC avait déjà débuté et où se posait, naturellement, la question de la remise en cause de ce sursis.

Question d'autant plus légitime, et réactions d'autant plus véhémentes qu'une nouvelle variation sémantique est venue opacifier le débat public, la notion de « diversité culturelle » se substituant subrepticement à celle d'exception culturelle.

Chapitre II

LIMITES ET CONTRADICTIONS DE L'EXCEPTION CULTURELLE

Les résultats de l'exception culturelle étant à peine acquis dans le cadre de l'OMC, une nouvelle offensive néolibérale de plus grande ampleur est venue les remettre en discussion, dans le cadre d'une autre organisation internationale, au périmètre plus restreint : l'OCDE (Organisation de coopération et de développement économique), regroupant les 29 pays les plus riches de la planète, et correspondant à plus de 80 % des investissements internationaux. Cette nouvelle offensive libre-échangiste allait elle-même précéder la reprise des négociations au sein de l'OMC, et le recours à un nouveau concept défensif : la diversité culturelle.

I. – Des assauts de l'AMI aux risques de diversion de la diversité culturelle

Dès 1995 était négocié un nouveau projet de traité international, dont le sigle AMI (Accord multilatéral sur l'investissement) allait défrayer la chronique avec quelques années de retard, au moment de sa divulgation publique, grâce au travail d'enquête d'un certain nombre d'organisations non gouvernementales, notamment canadiennes et américaines, sensibilisées aux enjeux en cause par le précédent de l'ALENA. En France, elles ont été relayées, de manière significative, par les organisations professionnelles du cinéma et de l'audiovisuel, et les sociétés d'auteurs, précisément alertées par les enjeux spécifiques de leur secteur, quelques années après les négociations du GATT, avant que des associations comme l'Observatoire de la mondialisation n'organisent une critique de portée plus générale.

Négocié par les gouvernements des États membres selon les logiques de la discrétion diplomatique, ce projet vit son existence niée par l'exécutif américain jusqu'en décembre 1997, et, à la même date, en France, le président de la Commission des affaires étrangères à l'Assemblée nationale, Jack Lang, fit savoir qu'il ignorait tout de ce texte avant d'en avoir été saisi par les associations précitées.

Le déplacement des négociations de l'OMC vers l'OCDE, s'agissant de régler des questions pourtant relatives aux échanges économiques internationaux, s'explique, précisément, par la volonté d'échapper à tout contrôle extérieur : contrôle, d'abord, des pays en développement, dont les plus représentatifs comme l'Inde ou l'Afrique du Sud maintiennent des dispositifs de maîtrise des investissements étrangers sur leur territoire et auraient pu perturber les logiques de consensus au sein des groupes de négociations, contrôle, ensuite, des opinions publiques si la négociation s'était déroulée au siège de l'OMC, à Genève, haut lieu d'activité d'institutions internationales. Le siège de l'OCDE, à Paris, présentait, à cet égard, de meilleures garanties, dans un cadre au nom, en l'occurrence, prédestiné : le château de la Muette... Cette discrétion, comme l'ont confirmé les réactions consécutives à la - divulgation ultérieure du contenu de ce projet, s'expliquait par la radicalité de celui-ci, de nature à bouleverser la relation traditionnellement établie entre les pouvoirs politiques démocratiques et la puissance économique des grandes entreprises multinationales, en remettant en cause le pouvoir souverain des premiers à contrôler les investissements étrangers.

1. **La radicalité du projet d'AMI.** – Les fondements de l'AMI résidaient, pour l'essentiel, dans la volonté d'accorder aux investisseurs internationaux les mêmes droits qu'aux investisseurs nationaux sur le territoire des États membres, c'est-à-dire d'imposer la clause du traitement national, à laquelle le secteur audiovisuel avait pu échapper dans le cadre de l'OMC, grâce à l'exception culturelle.

Aggravation considérable par rapport à la logique du GATT, ou du GATS, le projet d'AMI était de nature proprement « inclusive », c'est-à-dire que ses dispositions définissaient des principes généraux s'imposant dans tous les domaines, sans énonciation de listes spécifiques, adaptables ou individualisables par les différents États concernés, sous la seule exclusion explicite de la sécurité nationale et de l'ordre public. L'audiovisuel, et la culture dans ses différentes composantes étaient donc directement visés au même titre, par exemple, que la santé, l'éducation ou les divers domaines de services publics. Le régime juridique prévu pour l'investissement étranger était lui-même, à bien des égards, de nature à éradiquer toute forme de volontarisme public de la part de l'État d'accueil. La logique qualifiée de « démantèlement » des modalités nationales de régulation publique incluait une clause d'irréversibilité visant à une libéralisation toujours plus complète : chaque État signataire devait initialement énumérer les normes nationales non conformes à la liberté d'investissement, de manière exhaustive et définitive, aucune dérogation ne pouvant être admise ultérieurement.

Le déséquilibre entre les droits des investisseurs privés étrangers et les obligations des États d'accueil était encore souligné par la mise en place d'un système juridictionnel autonome, propre à l'AMI, permettant aux premiers de saisir directement un tribunal arbitral, pour obtenir réparations de l'État contre toute mesure législative ou réglementaire ayant pour effet de léser ses intérêts... Contrôle juridictionnel *ad hoc* d'autant plus redoutable que nombre de dispositions du texte se caractérisaient par une rédaction particulièrement complexe et obscure, du fait même de la procédure consensuelle ayant abouti à la multiplication des notes de bas de page interprétatives et des commentaires, à la portée juridique incertaine.

Selon cette architecture juridique, l'ensemble des dispositifs juridiques nationaux protégés au titre de l'exception culturelle se trouvaient directement remis en question. Non seulement le principe du traitement national aurait permis, dans les termes déjà analysés, de faire bénéficier les producteurs américains des aides du compte de soutien et de disqualifier toute mesure discriminatoire sur le modèle des quotas de diffusion, mais la conception même des droits d'auteur aurait pu être remise en cause au titre des « mesures déraisonnables ou discriminatoires » de nature à entraver l'entière jouissance des investissements. Déraisonnable, car empêchant l'exploitation d'une œuvre sans fondement économique ; discriminatoire, car le producteur, contrairement au régime de *copyright,* n'est par reconnu comme auteur de l'œuvre.

Ces constats expliquent que les premiers opposants au projet d'AMI furent, en France, les organisations professionnelles du cinéma et de l'audiovisuel. Leur protestation les conduisit, comme par réflexe, à retrouver les mots de l'exception culturelle, qui avaient produit leur vertu thérapeutique dans le cadre du GATT. Cette même logique a d'abord conduit le gouvernement français – du Premier ministre L. Jospin – à déposer une réserve formelle au projet du traité sur cette question : considérant que « les principes fondamentaux de cet accord poseront des problèmes d'application aux industries à vocation culturelle », la délégation française en avait conclu que « seule une exception culturelle permettrait de (les) soustraire aux disciplines de l'accord ».

2. **Le retour de l'exception culturelle et son inadaptation.** – La portée même de cet accord, et ses caractéristiques intrinsèques de libéralisation globale, touchant à des domaines essentiels de l'état de droit démocratique, non directement visés par le précédent de l'OMC, rendaient, en réalité, la revendication de l'exception culturelle illusoire et, d'une certaine façon, indécente.

Illusoire, car la nature même du traité ne permettait guère de dissocier la culture de l'ensemble des modalités de régulation sociale mises en cause par ce texte : de même que les libertés intellectuelles ne sauraient s'épuiser dans les seules libertés des intellectuels, la culture ne saurait s'épuiser dans le seul maintien des prérogatives des auteurs ou des fonds de soutien à l'audiovisuel. Au sens où on l'entend en France, la culture ne peut se sauver seule. Elle est, précisément, indissociable des valeurs globales et des rites institutifs d'une société déterminée. À cet égard, la conception américaine du *copyright* paraît bien en exacte corrélation avec les modes d'organisation générale et de fonctionnement de la société américaine, au même titre qu'à l'inverse, en France, nombre des financements publics au bénéfice de la culture sont dépendants d'une certaine conception du rôle de l'État et des logiques de service public. Comment les protections culturelles pourraient-elles être pérennes dans un contexte de privatisation globale de l'espace public et de soumission croissante aux intérêts des grands groupes industriels et financiers ?

Conjointement, la répétition, quasi pavlovienne, du mot d'ordre de l'exception culturelle péchait cruellement sur le plan de l'éthique : dès lors que les différentes analyses critiques publiées par les mouvements de citoyens précités avaient clairement établi les menaces recelées par ce texte à l'égard de la protection sociale, de l'emploi, de l'environnement, de la place des services publics, de la citoyenneté, comment revendiquer que l'on puisse sauver les seules protections culturelles en s'accommodant de la mise en pièces des autres protections sociétales ? L'exception culturelle apparaissait alors n'avoir d'autre contenu que celui d'une revendication étroitement corporatiste, dont la légitimité était d'autant plus contestable que les protections et privilèges juridiques en matière culturelle ne trouvent pas leur fondement dans la seule personne des créateurs mais dans la diffusion des œuvres au profit de la société tout entière. Le propre de la culture ne réside-t-il pas dans les processus – effectifs ou potentiels – d'appropriation au profit de tous ?

Dans le contexte d'un mouvement de contestation générale entraînant une multiplicité d'associations, un certain nombre de syndicats et de forces politiques, les organisations professionnelles de l'audiovisuel et les sociétés d'auteurs prirent conscience de l'inadaptation de leur positionnement critique. Alors qu'une grande réunion publique avait été convoquée au Théâtre de l'Odéon, le 16 février 1998, sur la base de la seule exception culturelle, peu de temps après les principales organisations professionnelles se rallièrent à la thèse selon laquelle ce qu'il convenait de revendiquer n'était pas une exception pour la culture, postulant l'acceptation des principes généraux de l'AMI, mais la récusation même de ces principes, c'est-à-dire le refus de ce projet.

3. **Le rejet de l'AMI et l'échec subséquent de Seattle.** – La protestation citoyenne aboutit d'abord à un ajournement des négociations au sein de l'OCDE pour une période de six mois. Puis le 14 octobre 1998, à la veille de la reprise de ces négociations en réponse à une question du communiste Robert Hue à l'Assemblée nationale, le Premier ministre Lionel Jospin annonçait le retrait de la France. La réunion convoquée au siège de l'OCDE les 20 et 21 octobre ne dura qu'une journée sans que la suite des négociations ne soit programmée. La confirmation officielle du retrait français le 3 décembre 1998 entraîna le dessaisissement de l'OCDE et l'abandon du projet d'AMI.

Mais l'annonce de ce retrait s'était cependant accompagnée de la préconisation par le Premier ministre d'un transfert des négociations vers l'OMC jugée « plus adaptée parce que plus démocratique » du fait du nombre des États membres (137 à cette époque). Nonobstant le caractère discutable de la vertu démocratique accordée à l'OMC, eu égard au rôle prépondérant des grandes puissances, l'OMC allait être elle-même victime de la dynamique anti-mondialisation mise en orbite dans le contexte de l'AMI : l'échec du sommet de Seattle qui devait ouvrir le cycle du millénaire *(Millenium Round)* allait avoir un retentissement à la mesure de celui de l'AMI...

La conférence de l'OMC organisée à Seattle – haut lieu symbolique de la puissance américaine, siège de

Microsoft et de Bœing – ne concerne qu'indirectement l'exception culturelle : la reprise des négociations au sein de l'OMC est conforme au processus de libéralisation progressive qu'elle programme. Mais, dans le contexte précédemment évoqué, les négociations préparatoires à Genève n'avaient pu aboutir, de telle sorte que le secrétariat de l'OMC, pas davantage que les États-Unis, organisateurs du sommet, n'avait été en mesure de présenter un projet d'accord ou de déclaration commune. L'importance de la mobilisation anti-mondialisation avait conduit à l'annulation de la cérémonie d'ouverture de la conférence, et les travaux de celle-ci s'étaient organisés dans le cadre d'un « couvre-feu » décrété par le gouvernement de l'État. Cela n'empêcha pas le négociateur européen, Pascal Lamy, commissaire au Commerce extérieur, de proposer un « agenda global » comportant notamment l'établissement de règles sur l'investissement étranger ! Peine perdue, puisque, le 3 décembre 1999, le sommet de Seattle était suspendu, sans avoir pu accoucher d'un quelconque accord sur une déclaration finale...

Les négociations reprirent au sein de l'OMC, dès février 2000, avec notamment au programme une nouvelle négociation de l'Accord général sur le commerce des services. Une nouvelle conférence ministérielle a été organisée, en novembre 2001, à Doha, au Qatar.

4. **Les nouvelles données de la négociation.** – Qu'en est-il du positionnement de l'audiovisuel et du cinéma dans ces négociations et des thèses défendues par l'Union européenne, au nom des 15 États membres ?

Les données économiques et stratégiques qui fondaient les exigences de libéralisation des États-Unis dans le cycle de l'*Uruguay Round* n'ont pas fondamentalement changé : alors que le déficit commercial des

États-Unis était de 371 milliards de dollars en 2000, soit 3,7 % du PNB, l'audiovisuel et le cinéma restent des domaines de prédilection de son commerce extérieur : en 2000, les films américains représentent ainsi une part de marché moyenne en Europe de 71 %, contre 17 % pour les films nationaux, la fiction télévisuelle américaine représentant un pourcentage comparable du volume horaire des programmes importés, le déficit européen dans l'échange des programmes avec les États-Unis étant de l'ordre de 6,5 milliards de dollars[1].

Ces chiffres font clairement apparaître la pérennité de la domination américaine et l'inanité de l'accusation de protectionnisme à l'égard de l'Europe : l'exception culturelle n'a pas eu pour effet de perturber les industries de l'imaginaire américain, mais seulement de contribuer à la survie, à leurs côtés, des créations françaises et européennes.

Il n'en reste pas moins qu'une analyse plus fine des chiffres précités fait apparaître au cours des dernières années une érosion des recettes des films américains à l'exportation : de 6,7 milliards de dollars en 1999 à 6,4 en 2000, par exemple, aboutissant à faire passer ces recettes en deçà de celles réalisées sur le marché national américain. On peut donc en déduire une stratégie plus offensive encore, à l'avenir, des négociateurs américains, en particulier au regard du marché européen.

Du côté de la stratégie européenne, la nouveauté réside désormais dans le mandat explicite de négociation donné sur ces questions à la Commission européenne par le Conseil des ministres de l'Union. Selon ce mandat : « L'Union veillera, pendant les prochaines négociations de l'OMC, à garantir, comme dans le cycle de

1. Cf. *Annuaire statistique 2000* de l'Observatoire européen de l'audiovisuel, et *Bilan 2000* du CNC (*CNC Info*, n° 280, mai 2001).

l'*Uruguay,* la possibilité, pour la Communauté et ses États membres, de préserver et développer leurs politiques culturelles et audiovisuelles, pour la préservation de leur diversité culturelle. »

La formulation de ce mandat, en octobre 1999, à la veille de la conférence de Seattle, marque donc un élément de continuité supposée par rapport aux négociations antérieures, visant à garantir les politiques nationales et communautaires, mais aussi un élément de rupture : cette garantie ne porte plus le nom d'« exception culturelle » mais celui de « diversité culturelle ».

5. **De l'exception culturelle à la diversité culturelle.** – La substitution de la seconde notion à la première n'a pas, initialement, donné lieu à une réelle explicitation. Elle a été opérée de manière quasi subreptice. Le principal argument avancé *a posteriori* a consisté à souligner que l'exception n'avait qu'une signification négative, ou défensive, alors que la diversité était dotée d'une connotation beaucoup plus ouverte et plus fédérative, notamment à l'égard des États tiers à la Communauté qu'il convenait de convaincre, face aux exigences américaines. Certains promoteurs de la notion de diversité ont pu, à bon droit, indiquer qu'aux yeux, notamment, de pays du Tiers Monde l'exception culturelle exprimait une forme d'« européo-centrisme », sinon même d'égoïsme hexagonal – au sens d'« exception française » – prenant en compte les seuls intérêts d'autres puissances dominantes. Autant d'arguments politiquement – ou culturellement – recevables mais, hélas, insusceptibles de conférer à la notion de diversité culturelle une quelconque pertinence juridique.

Malgré les aléas sémantiques précédemment relevés, la notion d'exception culturelle est dotée d'une authentique signification normative, en termes précisément d'exception à l'application des principes du GATT, ou de l'OMC. Dans le contexte spécifique d'une telle négociation internationale, la notion de diversité culturelle est dépourvue de portée opératoire. Elle ne peut correspondre qu'à une figure de rhétorique, exprimant, éventuellement, un idéal anthropologique, quelque peu décalé par rapport à la rigueur terminologique d'une négociation dans laquelle les *lawyers* américains jouent un rôle déterminant. S'il s'agit de louer les vertus des traditions locales, ou des langues régionales, le concept de diversité est, vraisemblablement, adapté : la mondialisation économique s'accompagne, dialectiquement, de la résurgence revendicative de telles identités régionales et locales. Mais, s'agissant de protéger les systèmes nationaux d'organisation du cinéma et de l'audiovisuel dont l'exemple français constitue l'archétype, il ne saurait, sans risques, être substitué à l'exception culturelle.

L'absence de neutralité sémantique de cette substitution terminologique a éclaté au grand jour lorsque le PDG de Vivendi-Universal la reprit brutalement à son compte, deux ans plus tard, pour proclamer que « l'exception culturelle française est morte », en ponctuant aussitôt cette sentence par l'assertion selon laquelle « nous sommes aujourd'hui dans une période de diversité culturelle ». La déflagration politico-médiatique déclenchée par de tels propos et l'indignation corollaire des professionnels du cinéma suffisent à attester que les mots ne sont pas neutres.

Pourtant, depuis 1999, la phraséologie de la diversité culturelle correspondait bien aux propos officiels des uns et des autres. Le président de la République avait, ainsi, proclamé devant le forum des patrons des grands groupes de communication réunis à Paris, en octobre 1999, que « la France mène combat non pas tant pour une exception culturelle à son usage que pour la diversité culturelle dans le monde »[1]. Les principaux porte-parole du cinéma français s'étaient eux-mêmes sagement rangés sous la bannière du nouveau conformisme rhétorique, à l'instar de Pascal Rogard, secrétaire général de la Chambre syndicale des producteurs et exportateurs de films français (CSPEFF) et délégué général de l'ARP (Société civile des auteurs-réalisateurs-producteurs), expliquant, dans les mois précédents, qu' « entre exception culturelle et diversité culturelle il n'y a pas de changement de fond » et soulignant que « la diversité est un concept plus fédérateur »[2]. Par les vertus de la dialectique, la clarté des propos de M. Messier avait donc fait éclater les contradictions inhérentes à la notion de diversité culturelle et, brutalement, réveillé le sens critique d'un certain nombre de responsables politiques et professionnels.

Certes, ces contradictions peuvent être résolues par une nouvelle pirouette rhétorique à laquelle n'ont pas manqué de recourir plusieurs responsables politiques de haut rang : « L'exception culturelle n'est que le moyen d'assurer la diversité culturelle. » Il est cependant permis de s'interroger au-delà des sophismes.

6. **Changement sémantique ou stratégique.** – Il ne fait guère de doute que le recours à la notion de diversité culturelle provient du relatif isolement de la France au sein de la Communauté européenne pour imposer la thèse de l'exception culturelle. La diversité a permis de réaliser le consensus européen auquel ne

1. *Le Monde,* 15 octobre 1999.
2. Cf. S. Regourd, M. Messier, les tartufes et les candides, *Le Monde,* 19 janvier 2002.

pouvait parvenir l'exception. Il reste alors à se demander si le consensus formel ne tend pas à occulter un certain retrait stratégique sur les enjeux en cause. N'est-il pas troublant, en effet, que ce changement terminologique soit intervenu dans la période précédant immédiatement la conférence de l'OMC à Seattle (30 novembre au 3 décembre 1999) ? La conviction de nombreux responsables politiques européens, y compris français, ne consistait-elle pas, à ce moment-là, à penser que le rôle de l'OMC était éminemment positif et que l'inclusion de l'audiovisuel avec un certain nombre de garanties pouvait constituer une meilleure solution que l'actuel clair-obscur de l'exception culturelle ?

Comment expliquer, par exemple, le discours du ministre alors chargé des Affaires européennes, Pierre Moscovici, à l'Assemblée nationale le 26 octobre 1999 : « Je ne crois pas que l'OMC soit un acteur de la mondialisation libérale... Je trouve un peu paradoxal de refuser, au nom de la critique du libéralisme, le cadre où l'on pourrait précisément organiser ou maîtriser ce libéralisme. »[1] Le secrétaire d'État au Commerce extérieur, François Huwart, tenait, dans la même séance, des propos plus explicites encore quant à la relation entre diversité culturelle et inclusion au sein des accords de l'OMC : « Le modèle de l'OMC n'est pas celui de la domination des forts sur les faibles, mais celui, cher à notre tradition, du contrat social... Notre ambition est de construire une Organisation mondiale du commerce plus légitime, plus régulatrice... Le développement économique et social, la *diversité culturelle*[2], la protection de l'environnement, le

1. *JOAN*, 1re séance, 26 octobre 1999, p. 8097-8098.
2. Souligné par nous.

renforcement du droit sont des valeurs qui font partie de notre modèle de civilisation. Nous devons donc aborder ces négociations dans un esprit offensif nouveau, car ces valeurs, nous souhaitons non seulement les défendre, mais aussi les propager. »[1]

Ces propositions politiques n'étaient pas isolées. Elles avaient été, en quelque sorte, préparées sur le terrain doctrinal, dans la période précédente, dans le contexte du projet d'AMI. Des experts reconnus avaient plaidé pour l'inclusion « de la culture dans l'AMI et, plus généralement, dans les accords internationaux... car la diversité, et au premier chef la diversité culturelle, est de l'essence même de l'échange »[2].

Cette thèse, reprise à la veille du sommet de l'OMC, à Seattle, se fondait en particulier sur « le risque de l'absence de toute réglementation. On prive ainsi la culture et la communication de l'apport et des effets de la réglementation minimum du commerce international », car, « avec l'OMC, on introduit le droit dans le marché international. Sans l'OMC, c'est la loi du plus fort ou de la jungle »[3]. Après l'échec de la conférence de Seattle, il ne paraît guère abusif de retenir que la doctrine de la Commission relative à la pérennité de l'exception culturelle n'était pas clairement établie. Dans un courrier ayant été l'objet de plusieurs publications, l'un des responsables de la Direction générale chargée du Commerce – M. Robert Madelin – écrivait

1. *JOAN*, 1re séance, 26 octobre 1999, p. 8069-8073. Dans le même sens, cf. par exemple B. Marre, De la mondialisation au développement contrôlé, *AN Rapport d'information*, n° 1824, p. 16.

2. I. Bernier, L'accord multilatéral sur l'investissement et la culture. Analyse des positions canadienne et française, *Légipresse*, n° 152, II, p. 68.

3. E. Derieux, L'OMC, la culture et la communication. De l'exemption culturelle à la diversité culturelle, *Les Petites Affiches*, 19 novembre 1999, n° 231, p. 12.

au président du Forum des services européens (ESF : *European Services Forum*), agence de *lobbying* représentant près d'une centaine de grandes entreprises européennes, pour lui demander de lui faire connaître quelles étaient les barrières au commerce « les plus dérangeantes pour leurs exportations » dans un certain nombre de domaines comme « l'éducation, l'environnement, la santé, les services sociaux (et) les *services audiovisuels* »[1].

Une telle orientation était conforme aux directives *(guidelines)* pour les négociations à venir de l'AGCS adoptées à l'OMC en mars 2001 et précisant expressément qu'« il n'y aura aucune exclusion *a priori* d'aucun secteur de services »[2].

Par-delà le mandat donné à la Commission européenne et le défaut, consécutif, d'engagement spécifique de libéralisation dans ces secteurs, on ne peut donc pas manquer de relever les ambiguïtés stratégiques qui ont accompagné le recours à la notion de diversité culturelle. Ces ambiguïtés pourraient être mises à profit par ceux qui souhaitent étendre la libéralisation dans les secteurs jusqu'ici protégés par l'exception culturelle.

7. **Les risques d'offensives périphériques à l'audiovisuel.** – Un certain nombre d'États ont, d'ores et déjà, déposé des propositions de négociation dans ces secteurs : les États-Unis évidemment, mais aussi le Brésil, le Japon, la Suisse, et ces propositions se présentent elles-mêmes avec des attendus visant à dépasser les confrontations caractéristiques de l'*Uruguay*

1. Lettre à M. A. Buxton, président de la Barclays Banks, en date du 24 janvier 2000. Souligné par nous.
2. OMC, Doc. S/L/93, 28 mars 2001.

Round. Elles pourraient alors emprunter la voie de passage de questions périphériques aux secteurs de l'audiovisuel pour remettre en cause les acquis de l'exception culturelle.

Ainsi, s'agissant, d'abord, de la problématique de libéralisation du commerce électronique qui pourrait être utilisée pour atteindre les nouveaux modes de diffusion des œuvres cinématographiques et audiovisuelles, via l'internet haut débit et plus largement les « nouveaux services » multimédia, mis en œuvre sur appel individuel et susceptibles d'intégrer le *pay per view* et la *video on demand*. Le risque est d'autant moins négligeable que ces nouveaux services ne sont pas formellement pris en compte par la définition de l'audiovisuel résultant de la directive communautaire « Télévision sans frontières », alors même qu'ils représentent un important potentiel de développement qui pourrait, partiellement, se substituer aux modes de « consommation » traditionnels. Or, le commerce électronique désigne une réalité transversale pouvant recouvrir la multiplicité des secteurs utilisant les réseaux électroniques comme mode de fourniture de l'activité. Il présente les mêmes risques que la thèse dite de la convergence consistant à faire prévaloir le critère du support technique sur la nature du service véhiculé par ce support.

Les risques de libéralisation de l'audiovisuel à partir du cheval de Troie des nouvelles technologies de la communication sont d'autant moins négligeables que, lors du récent sommet des chefs d'État et de gouvernement de l'Union européenne, à Barcelone, en mars 2002, en faveur d'une plus grande libéralisation, le texte des conclusions retient notamment que « l'adoption de la nouvelle réglementation en matière de télécommunication signifie que les mêmes règles s'appliqueront à toutes les technologies convergentes, ce qui contribuera à développer la concurrence dans un cadre européen sans distorsions ». Face à une telle orientation, les enjeux de l'exception culturelle ne peuvent être sauvegardés que par la réaffirmation solennelle du principe de neutralité technologique : le statut des œuvres audiovisuelles et cinématographiques ne saurait être divisible en fonction de leur mode de diffusion.

D'autres questions transversales peuvent, également, être mises à profit pour atteindre l'audiovisuel et le cinéma. Ainsi d'une nouvelle négociation sur les investissements ayant abouti à un échec cinglant dans le cadre de l'OCDE (projet d'AMI) mais dont ses promoteurs présentent désormais l'OMC comme un cadre plus « démocratique », donc plus adéquat. Une définition large de l'investissement pourrait inclure les secteurs protégés par l'exception culturelle, sans qu'il soient spécifiquement mentionnés. L'accord sur les services, comme cela a déjà été souligné, prévoit, par ailleurs, de nouvelles négociations sur les subventions. Une réglementation restrictive des politiques publiques en ce domaine pourrait également produire des dommages importants à l'égard des dispositifs fondateurs de l'exception culturelle.

Autant de risques d'autant moins négligeables que le cinéma français est entré dans une période de graves turbulences face à la déstabilisation de Canal Plus, son principal financeur.

II. – La déstabilisation de Canal Plus et des financements du cinéma

Même si, dans le cadre de l'OMC, l'exception culturelle ne concernait directement que le devenir des différents éléments de régulation publique du cinéma et de l'audiovisuel, précédemment analysés, la relance du débat au cours des années récentes a placé au cœur de la controverse le rôle d'une chaîne spécifique, Canal Plus. C'est ce qui explique, notamment, le formidable impact de la diatribe de Jean-Marie Messier, proclamant, en décembre 2001, la mort de l'exception culturelle.

1. **L'exception culturelle et Canal Plus.** – S'il en est ainsi, c'est que, complémentairement aux mécanismes de soutien du cinéma français, Canal Plus, chaîne cryptée à péage, est devenue le premier financeur du cinéma français, à hauteur du quart de l'ensemble des financements. En 2000, ces financements étaient de l'ordre de 1,2 milliard de francs, concernant près de trois quarts des longs-métrages produits[1]. Ces chiffres correspondent bien à l'identité de la chaîne cryptée, telle qu'elle ressort de sa convention avec le CSA (reconduite en décembre 2000), selon laquelle son « objet principal est la diffusion d'œuvres cinématographiques » ainsi que des émissions consacrées au cinéma et à son histoire, « complété par la diffusion d'œuvres audiovisuelles et de retransmissions sportives »[2].

Canal Plus est ainsi devenu un dispositif essentiel du système de régulation du cinéma français. Cette situation est le résultat conjoint d'obligations légales et contractuelles.

Le statut de chaîne cryptée fondé sur un mode de financement spécifique par les abonnés requiert, de manière corrélative, des obligations spécifiques en

1. Sur un investissement total dans la production cinématographique française de 4,5 milliards de francs / 686 millions d'euros.

2. En 2000, par exemple, l'apport moyen de Canal Plus était de 8,3 millions de francs par film, et 114 films ont bénéficié de ces apports.

matière de programmation et, plus largement, d'investissements financiers en matière de création et de production. Les privilèges liés au cryptage et permettant, notamment, l'accès à la diffusion des œuvres cinématographiques dans un délai beaucoup plus court que pour les chaînes ordinaires[1] imposent des obligations financières spécifiques : le privilège de programmation cinématographique est « payé » par Canal Plus, par l'obligation de consacrer 20 % de ses ressources totales annuelles à l'achat de droits de diffusion d'œuvres cinématographiques. Il s'agit bien, en l'occurrence, de simples préachats de droits de diffusion et non de parts de coproduction qui procureraient un important retour sur investissement à partir de la part de recettes générées par le film (salles, droits de diffusion télé). Lorsque Canal Plus recourt, par ailleurs, à la coproduction, sa filiale cinéma ne peut prendre que des participations minoritaires afin de respecter l'indépendance des producteurs à l'égard des diffuseurs[2].

Ce volume global de 20 % des ressources doit lui-même être ventilé de telle sorte qu'au moins 60 % de ces sommes soient consacrées à l'acquisition d'œuvres cinématographiques européennes, et au moins 45 % à l'acquisition d'œuvres d'expression originale française (décret du 9 mai 1995). Une ventilation financière des

1. Alors que la chronologie des médias prévoit un délai de droit commun pour la diffusion télévisuelle des films cinématographiques de trois ans après l'exploitation en salles, ramené à deux ans lorsque la chaîne est coproductrice du film, ce délai est seulement d'un an pour Canal Plus. Ces délais législativement formulés jusqu'à la révision de la directive « Télévision sans frontières », en 1997, sont désormais de nature contractuelle.

2. La filiale de coproduction, le Studio Canal Plus, a, ainsi, coproduit 24 films en 2000, avec un apport moyen de 11 millions de francs.

obligations d'achats est également organisée sur la base de l'importance budgétaire des œuvres afin de financer les films dits d'auteur, ou à petit budget, et pas seulement les « grosses productions » essentiellement destinées au succès commercial (cette clause dite de diversité, à hauteur de 45 % des investissements dans le cinéma français, concerne actuellement les films présentant un devis inférieur à 5,34 millions d'euros).

D'autres obligations de financement concernent, par ailleurs, les œuvres audiovisuelles : Canal Plus devait, par paliers sur quatre ans (jusqu'en 2000), parvenir à consacrer à la commande d'œuvres audiovisuelles 4,5 % de ses ressources annuelles totales de l'exercice précédent. En sus de ces obligations spécifiques, Canal Plus assume les obligations et quotas de programmation de même nature que ceux concernant l'ensemble des chaînes hertziennes...

Ce bel édifice ayant, depuis 1985, placé Canal Plus au cœur du système de régulation et de financement du cinéma français, a subi au cours de la période la plus récente de graves fissures qui en menacent jusqu'à la survie.

2. **Les nouvelles stratégies résultant de la fusion Vivendi-Universal.** – Dans le contexte de mondialisation des échanges et de mutation technologique – ou « révolution numérique » – multipliant les supports de diffusion, l'acte décisif de déstabilisation de l'équilibre réside dans l'opération de fusion-acquisition de Canal Plus avec Vivendi et le groupe canadien Seagram, propriétaire d'Universal, au terme de laquelle est né le groupe Vivendi-Universal, deuxième groupe mondial de communication, derrière le groupe AOL-Time Warner, lui-même issu de la plus importante fusion de l'histoire de la communication.

Cette opération de fusion initiée par Vivendi, principal actionnaire de Canal Plus (détenant 49 % de son capital, conformément au plafond légal des dispositifs anti-concentration de la loi française), s'inscrit, comme celle d'AOL-Time Warner, dans la réalisation du processus de convergence technologique et de concentration économique au terme duquel les mêmes opérateurs provenant de secteurs très différents (télécoms, informatique, audiovisuel et cinéma...) interviennent conjointement sur l'ensemble de ces supports de communication. Ils mettent en œuvre un processus d'intégration verticale tendant à maîtriser en amont les contenus – c'est-à-dire les catalogues de droits d'œuvres cinématographiques, audiovisuelles, musicales – et en aval le parc des abonnés, consommateurs de ces services, et, entre les deux, les contenants ou supports de distribution. Dans le cas de la fusion Vivendi-Universal, le portefeuille des droits audiovisuels d'Universal représente plus de 5 700 films et 27 000 téléfilms ou épisodes de séries, ainsi connectés avec les 14 millions d'abonnés de Canal Plus (dans 11 pays), les millions d'abonnés au téléphone de SFR, de Cegetel et de Vodaphone (50 millions en Europe), en étant présent conjointement sur les différents supports (cinéma, télévision, musique, téléphone, internet...).

Faut-il souligner qu'une telle opération paraît singulièrement émancipée des fondements mêmes de l'exception culturelle ? D'abord parce qu'elle est entièrement conçue en termes de stratégie transnationale, le centre de gravité du groupe se déplaçant nettement vers les États-Unis (alors même que le plafond de 20 % de participation des actionnaires extracommunautaires au capital des chaînes nationales reste une règle de droit positif). N'est-il pas significatif, à cet égard, que le nouveau groupe Vivendi-Universal ait adhéré à la MPAA précitée, l'institution de *lobbying* des *majors companies* américaines, et qui fut, durant les négociations de l'*Uruguay Round,* le fer de lance de l'opposition à l'exception culturelle ? Ensuite, et concomitamment, parce qu'il s'agit d'une stratégie proprement commerciale, de conquête des marchés à l'égard de laquelle l'identité culturelle des œuvres pèse de peu de poids.

Ces caractéristiques mêmes de la fusion expliquent qu'un subtil montage juridique ait été nécessaire afin d'occulter les caractères les moins conformes aux exigences du droit français. Montage d'autant plus impératif que le processus de fusion est intervenu au moment même où le CSA devait reconduire pour cinq ans l'autorisation d'émettre de Canal Plus[1]. C'est ainsi que Canal Plus a été scindée en deux sociétés : Canal Plus Distribution dont le groupe Vivendi-Universal détient 100 % du capital, et Canal Plus SA à l'égard de laquelle Vivendi doit respecter le plafond légal de 49 % du capital, cette société conservant la propriété du fichier d'abonnés constituant la réalité de la chaîne. L'usufruit de ce fichier est, cependant, cédé à Canal Plus Distribution pour la réalisation des objectifs stratégiques du groupe à l'origine de la fusion. Ainsi l'autorisation d'émettre a-t-elle pu être conservée par la chaîne cryptée. Le CSA a subordonné la reconduction de cette autorisation à un certain nombre de garanties contractuelles entre les deux entités visant à garantir l'autonomie de Canal Plus à l'égard de l'actionnaire Vivendi. Conjointement, le CSA s'est assuré du maintien des engagements financiers à l'égard du cinéma français, renouvelés en 2000, jusqu'en 2004.

1. Sur le statut et la procédure d'autorisation des télévisions privées, cf. notamment S. Regourd, *Droit de la communication audiovisuelle,* PUF, 2001.

C'est ainsi que, contractuellement, le montant des investissements de la chaîne cryptée dans le cinéma français a été porté, au-delà des obligations réglementaires, à 20,50 F par abonné.

3. **La remise en cause de l'exception culturelle.** – Par-delà ce montage juridique – « un peu de sémantique pour mettre tout le monde d'accord », selon Jean-Marie Messier[1] – et ces engagements contractuels avec les organisations professionnelles du cinéma, la stratégie transnationale de cette nouvelle multinationale de la communication multimédia paraît bien antinomique des dispositifs de l'exception culturelle. Le goût de son PDG pour les subtilités sémantiques l'a, logiquement, conduit très vite à marquer ses distances, en disant « non » à l'exception culturelle : « Exception culturelle ? Non, parce que l'exception exclut et que l'exclusion est antinomique avec la culture. » Ayant récusé « l'exception culturelle à la française », il lui opposait clairement dès le mois d'avril 2001 « la diversité culturelle à laquelle le monde aspire » et que « Vivendi incarne »[2]. Cet ha-

1. *J6m.com,* Hachette Littératures, 2000. Dans ce même ouvrage, Jean-Marie Messier illustre son propos d'anecdotes attestant sa maîtrise du *lobbying* parallèle à sa maîtrise de la sémantique : « Finalement, c'est au cours d'un déjeuner en tête en tête avec Hervé Bourges chez Drouant que nous mettons au point les ajustements qui, sans nuire à notre opération, donneront satisfaction au CSA » (*op. cit.,* p. 75). Avant d'être président du CSA, Hervé Bourges avait été président de Canal Plus Afrique en 1988 et de Canal Horizons – également filiale de Canal plus – en 1990, où il avait précédé Catherine Tasca (présidente de 1993 à 1997) avant que celle-ci devienne ministre de la Culture...

2. *Le Monde,* 10 avril 2001, sous le titre « Vivre la diversité culturelle ». Il convient de reconnaître à cet égard une cohérence de propos au dirigeant de Vivendi : le site portail du groupe identifie celui-ci à partir de sept grands principes, le principe n° 2 n'étant autre que la « diversité culturelle ».

billage sémantique ne provoquera cependant un choc politico-médiatique que plus de huit mois plus tard, lorsque les professionnels du cinéma percevront mieux à quel point les mots véhiculent du sens... Les violentes critiques des responsables politiques contre la stratégie de M. Messier révélée par sa condamnation de l'exception culturelle ne sauraient occulter, par ailleurs, le fait qu'ils avaient vivement encouragé la fusion, comme stratégie de développement à l'international, de ce « champion national » en lui faisant bénéficier d'une exemption fiscale à hauteur de 5 milliards de francs, soit une somme supérieure au budget d'une chaîne publique.

Le sens de ces mots était, sans nul doute, relatif à la stratégie d'un groupe qui, pour s'imposer, doit utiliser les mêmes armes que ses principaux concurrents, formatées comme superproductions, destinées à un marché mondial et reposant sur les standards de l'industrie du divertissement, contre lesquels ont été façonnées les digues de l'exception culturelle. Le devenir même de Canal Plus dans son identité originelle est directement interpellé au sein de ce nouvel empire de la communication. Les chiffres relatifs à la bonne santé du cinéma français au cours des années les plus récentes constituent eux-mêmes, paradoxalement, un indicateur favorable à une telle évolution : les parts de marché du cinéma français sont, pour l'essentiel, dues à un petit nombre de quatre ou cinq grosses productions formatées pour un succès commercial sur le registre des *Taxi 2, La vérité si je mens 2, Astérix et Obélix 2* dont la sérialisation présente quelque filiation avec les duplications des *Jurassic Park, Stars Wars* et autres *Retours de la Momie.*

4. **Les hypothèques des droits de retransmission sportive et la concurrence satellitaire.** – Un malheur n'arrivant jamais seul, la chaîne potentiellement déstabilisée par cette nouvelle donne se trouvait déjà confrontée à l'envolée inflationniste des droits de diffusion du football atteignant plus de 1,5 milliard de francs en 2001, soit une somme supérieure à celle des investissements dans le cinéma, alors que celui-ci est défini comme l'objet principal de la chaîne, et le sport seulement comme un complément. De telle sorte qu'après avoir longtemps été la chaîne la plus rentable en Europe, Canal Plus se trouve vulnérabilisée, au cours des années récentes, par un déficit de l'ordre de plus de 2 milliards de francs (330 millions d'euros), en 1999, à la veille de la fusion, et de plus de 3 milliards en 2000 (500 millions d'euros), alors même qu'un taux de rentabilité bonifié était désormais attendu par l'actionnariat (un plancher de 12 % de rentabilité a été fixé par J.-M. Messier). Le plan social décidé le 13 juin 2001 et se soldant par 217 licenciements constituait, à cet égard, un premier symptôme inquiétant.

Depuis lors, les événements se sont enchaînés, selon une dramaturgie de plus en plus spectaculaire, accusant les signes de tension, et d'opposition, entre la chaîne Canal Plus et son actionnaire Vivendi, et aboutissant le 16 avril 2002 à la révocation, par J.-M. Messier, de Pierre Lescure de la présidence du directoire de Canal Plus.

Un élément complémentaire d'incertitude au regard du devenir de Canal Plus et de ses engagements à l'égard du cinéma découle du lancement en avril 1996 de Canal Satellite, correspondant à la conception d'une nouvelle consommation de la télévision, fragmentée autour de thématiques spécifiques et de péages ciblés selon les logiques du *pay per view* et de la *video on demand,* et placée aussitôt en concurrence avec un autre « bouquet numérique », TPS, au capital duquel se retrouvent les autres principales chaînes hertziennes françaises, TF1, M6 et France-Télévisions.

Ces bouquets satellitaires sont devenus des programmes alternatifs à ceux de Canal Plus, en particulier sur la base d'une offre cinéma, à un prix d'abonnement comparable, pour une multiplicité de chaînes thématiques. La progression rapide du nombre d'abonnés qui se rapproche de celui de Canal Plus (plus de 2 millions pour Canal Satellite, et plus de 1 million pour TPS, au moment de la crise ayant entraîné les 217 suppressions d'emplois) tend à accroître les menaces sur Canal Plus dans son format actuel. La tentation peut être grande de substituer à Canal Plus une multiplicité de chaînes thématiques satellitaires, sur le modèle de Canal Satellite, en fractionnant cinéma, sports, infos...

Dans le contexte de crise qui a présidé à la révocation de Pierre Lescure, Jean-Marie Messier n'a cessé de répéter, notamment devant le CSA, que l'ensemble des engagements souscrits seraient bien respectés jusqu'au terme du contrat qui lie Canal Plus aux organisations du cinéma, c'est-à-dire 2004. C'est également en 2004 que le système du compte de soutien sera réexaminé par la Commission européenne au regard du droit de la concurrence. Les logiques ici à l'œuvre dépassent, en tout cas, une problématique proprement culturelle !

III. – Une exception audiovisuelle en quête de cohérence culturelle

La thèse de l'exception culturelle a été, incontestablement, vertueuse pour sauvegarder la création cinématographique et audiovisuelle française, et européenne, dans le contexte de la mondialisation libérale qui tend à réduire l'ensemble des activités humaines à la seule raison de la marchandise et du profit. La formulation même du principe selon lequel la culture et l'imaginaire des peuples expriment des valeurs identitaires plus fortes que les rendements économiques et les taux de profit des grandes sociétés transnationales paraît bien correspondre à la plus élémentaire des exigences éthiques et à la définition de la condition humaine la plus largement partagée. Que cette thèse soit, de surcroît, dotée d'une efficience politico-juridique apte à entraver les prétentions de la puissance impériale et des avancées de la *World Company* stigmatisée par les humoristes ajoute à la pertinence de ses fondements. Il n'est pourtant pas interdit de s'interroger sur ses contradictions afin, précisément, que de tels fondements puissent générer des traductions plus accomplies. Elles peuvent être décelées à la fois sur le terrain de la conception de la culture, ici en cause, et sur le terrain du statut d'exception qui lui est conféré.

1. **La culture réduite à l'audiovisuel.** – Ainsi que cela apparaît tout au long des pages qui précèdent, la culture visée dans l'exception culturelle concerne quasi exclusivement le cinéma et l'audiovisuel. Cette réduction du champ culturel au périmètre audiovisuel est, certes, la conséquence directe de l'objet même des négociations au sein du GATT : c'est bien dans ce domaine des industries culturelles qu'il existe un marché international des images recouvrant des enjeux financiers importants : environ 13 milliards de dollars d'exportations pour l'industrie américaine et des potentiels d'amplitude corrélative en cas de démantèle-

ment des dispositifs nationaux de protection. La nature même de la réponse en termes d'exception culturelle face aux périls du libre-échange doit également être comprise, dans le cas français en particulier, par cette capacité exceptionnelle des professionnels du cinéma et de l'audiovisuel à défendre leurs intérêts comme aucun autre secteur de la culture et, peut-être, aucun autre milieu social, auprès des plus hautes autorités de l'État et avec le soutien des plus grands médias... notamment audiovisuels.

Il n'en reste pas moins que la « marchandisation du monde » recèle de graves menaces à l'encontre d'enjeux culturels non réductibles à l'audiovisuel et que, pis encore, l'audiovisuel, dans sa configuration dominante contemporaine, peut constituer un vecteur de « déculturation », aggravant l'abandon des voies classiques de l'action culturelle et de la médiation culturelle au profit de pratiques plus proches du loisir spontané et du divertissement, et de nature à approfondir les fractures culturelles déjà à l'œuvre. Une telle problématique a déjà nourri une abondante littérature et dépasse largement le propos de cet ouvrage. Pourtant, force est de constater que l'audiovisuel s'est substitué à des pratiques culturelles plus exigeantes, plus savantes. Alors même qu'il soutient la conception de défense du cinéma et de l'audiovisuel européen face à l' « invasion des produits américains », soulignant que, « aux États-Unis, tout ce qui est culture est assimilé soit aux produits marchands, soit à des activités de bienfaisance... [et] n'entre pas dans l'univers mental des dirigeants politiques d'outre-Atlantique qui voient en elle une industrie du divertissement », Jacques Rigaud est l'un de ceux qui, dans la période récente, a su le mieux appréhender cette équivoque de la relation de la culture et de l'audiovisuel[1]. Il fait ainsi écho aux avertissements de ceux qui, dès les années 1960, notamment autour des travaux de l'École de Francfort, diagnostiquaient la dégénérescence de l'espace public à partir du développement d'une culture audiovisuelle de masse devenue simple objet de consommation dépourvu de ressort critique[2], ou, selon d'autres prémisses, d'Hannah Arendt stigmatisant le règne de l'audiovisuel comme simple substitut de culture, les « articles offerts par (cette) industrie des loisirs » étant « consommés par la société comme tous les autres objets de consommation »[3]. Jugement qui ramène, directement, à la confrontation entre les deux conceptions de l'audiovisuel au sein du GATT : simple industrie du divertissement, selon la conception américaine ; création culturelle, selon la revendication française.

C'est alors selon une approche très prosaïque que l'honnêteté intellectuelle conduit à nuancer le postulat du primat culturel sur le terrain du système cinématographique et audiovisuel, tel qu'il est, et non comme il devrait être.

2. **Des pratiques audiovisuelles singulièrement émancipées de la culture.** – La « dictature de l'audimat », la dégradation de la qualité des programmes télévisuels, le renvoi de leurs éventuelles empreintes culturelles dans les profondeurs nocturnes des

1. Cf. notamment *L'exception culturelle. Culture et pouvoirs sous la Ve République, op. cit.*, p. 192.

2. Parmi beaucoup d'autres contributions, cf. notamment Th. Adorno, *Critique de la culture et de la société,* Payot, 1986 ; J. Habermas, *L'espace public. Archéologie de la publicité comme dimension constitutive de la société bourgeoise,* Payot, 6e éd., 1993.

3. *La crise de la culture,* Gallimard, 1972, p. 263.

grilles de programmation, les « dérives commerciales » des télévisions de service public, ont été si souvent, et depuis si longtemps, dénoncés, qu'il paraît superfétatoire de trop souligner que les logiques de fonctionnement de l'audiovisuel ne sauraient, à si bon compte, être identifiées à travers le seul prisme de leurs enjeux culturels. L'on ne saurait cependant occulter la contradiction qui consiste à se draper dans les atours de la culture au moment même où l'on fait prévaloir le critère de la rentabilité commerciale. S'agissant non de la programmation globale de la télévision, qui dépasse nettement le présent propos, mais des œuvres audiovisuelles, au premier rang desquelles les fictions, qui relèvent de l'objet de l'exception culturelle, que peut-on observer ?

Que la prégnance des critères commerciaux est manifeste, comme le dénoncent régulièrement les syndicats d'acteurs, les organisations de réalisateurs, ou nombre de producteurs indépendants : standardisation des thématiques, de plus en plus formatées selon les « bibles » inhérentes aux séries pour fidéliser la « clientèle », *rewriting* multiple des scénarios, selon un taylorisme proche des ateliers d'écriture qui caractérisent la production industrielle hollywoodienne, systématisation du recours au *star-system* en matière de casting pour drainer l'audience et les ressources publicitaires maximales, au détriment des pertinences artistiques et en sacrifiant les parts de budget disponibles pour des comédiens de grand talent mais sans valeur commerciale...

Si la culture mérite d'être définie avec Saint John Perse comme « le luxe de l'inaccoutumance », on peut, assurément, douter que les paramètres aujourd'hui dominants de la fiction audiovisuelle puissent en constituer une filiation parfaitement légitime : « Actuellement, dans le système fortement hiérarchisé mis en place pour la fiction à la télévision..., chacun s'efforce d'interpréter la pensée supposée de la personne qui, dans le processus de décision, est placée au-dessus de lui. Le tout conditionné par le surmoi de la régie publicitaire... Se forme ainsi un large faisceau d'interventions qui tendent à domestiquer l'imaginaire et à brider toutes velléités de renouvellement. »[1] Le collectif d'une centaine de réalisateurs de films de fiction qui s'exprime ainsi est au générique de 300 heures annuelles d'œuvres audiovisuelles. Au titre de cette position de témoins privilégiés, ils dressent l'abécédaire des éléments illustrant « la tendance des chaînes non pas à considérer les œuvres mais à dégager la recette des succès ».

Des critiques aussi sévères quant au hiatus entre préoccupations culturelles et préoccupations commerciales pourraient être également dressées à l'encontre du cinéma. D'autant que les budgets consacrés à l'écriture y sont en moyenne proportionnellement moins importants qu'à la télévision, et que le culte du *star-system,* prévalant, souvent, sur tout autre critère artistique, ne paraît guère foncièrement différent des recettes hollywoodiennes tant décriées. Dans un revigorant pamphlet sur les mésaventures du cinéma français[2], les auteurs vont jusqu'à conclure qu' « on ne fait plus de films, on fait des coups ». Se demandant où sont passés les « marchands de rêves », ils répondent qu'ils ont été remplacés par ces « marchands de cacahuètes » déjà fustigés par Joseph Losey, et dont la principale préoccupation serait de lire « la dernière page du

1. Groupe 25 Images, *Un film de,* CST, 2001, p. 9.
2. B. Delmas et E. Mahé, *Western médiatique ou les mésaventures du cinéma au pays de Vivendi,* Éd. Mille et une Nuit, 2001.

cahier saumon du *Figaro,* le supplément économie » et de « compter leurs SICAV, patrimoines immobiliers »...

De telles observations pourraient paraître en contradiction avec la défense de l'exception culturelle précédemment analysée. Elles ne font, en réalité, que dresser le constat, hélas aussi banal ici qu'ailleurs, de la non-coïncidence entre les représentations symboliques et le réel. De ces observations contradictoires ne doit pas se dégager la velléité de « jeter le bébé avec l'eau du bain », mais, à l'inverse, la conviction que la pérennité des protections culturelles exige une plus grande cohérence dans la mise en œuvre de ces protections.

3. **L'interdépendance des questions culturelles, politiques et économiques.** – Ces exigences de cohérence conduisent à une interpellation complémentaire : ayant admis que le cinéma et l'audiovisuel relevaient d'une légitimité culturelle, la question est celle de l'autonomie de la culture au regard des autres domaines sociétaux. Telle fut bien la portée du débat de l'exception culturelle face au projet d'AMI : comment imaginer que l'on puisse durablement sauver les seules protections culturelles dans un contexte de mise en pièces des diverses régulations publiques ? La problématique même de l'exception repose, *in fine,* sur une conception étriquée, sinon autistique de la culture. Les enjeux culturels, au cours des dernières années, n'ont cessé de manifester leur interdépendance avec les mutations économiques, géopolitiques et même militaires, confirmant les analyses de Gramsci. Ne perçoit-on pas que l'hégémonie américaine dans l'ordre culturel (puisque, au fond, chacun sait bien que c'est de cela qu'il s'agit d'abord) a partie liée avec l'hégémonie de ce même pays dans l'ordre géopolitique, économique et militaire ? Par quelle mystérieuse alchimie

pourrait-on consentir à la domination politique ou militaire tout en récusant la domination culturelle qui sert à les légitimer ? Or, de ce point de vue, nombre des pétitionnaires de l'exception culturelle pourraient s'interroger sur leurs éventuelles contradictions lorsqu'ils s'engagent en faveur de l'emprise politique et militaire américaine, depuis le Golfe jusqu'aux Balkans. N'y a-t-il pas quelque cruelle contradiction à présenter les États-Unis comme un grand méchant loup dans le domaine de la culture et à réclamer, conjointement, leur intervention militaire aux quatre coins de la planète ?

Ces questions produisent effet quant à la « productivité » intellectuelle et culturelle de l'exception culturelle elle-même : nombre d'artistes et de cinéastes français ont, à juste titre, souvent raillé les stéréotypes narratifs hollywoodiens fondés sur le manichéisme le plus simpliste, propre aux ressorts les plus grossiers de l'*entertainment,* en vertu duquel Sylvester Stallone et autres Arnold Schwarzenegger, représentants du Bien, affrontent de manière sérielle et syncopée les représentants du Mal. Mais lorsque ces mêmes grilles de lecture hollywoodiennes, inspirées des mêmes ateliers de scénario, sont transposées dans le domaine des informations pour prétendre rendre compte de conflits aussi complexes, par exemple, que ceux des Balkans, nombre de ces artistes et cinéastes aliénant les exigences les plus élémentaires d'une certaine *praxis,* succombent aux ruses de l'*infotainment* pour pétitionner en faveur du Bien contre le Mal...

Si le statut d'exception reconnu à la culture devait ainsi la priver de toute intelligibilité de ce qui l'entoure dans l'ordre du politique, ou de l'économique, s'agirait-il encore de culture ? Dans son discours d'investiture devant le Parlement européen, le 13 avril 1999, M. Romano Prodi, président désigné de la Commission européenne, ne craignait pas de déclarer : « La force de la culture américaine est symboliquement exprimée par les mass media ; elle est en effet considérée par certains capable de constituer la référence unitaire pour l'Europe à la recherche de son âme. Il n'y a rien de scandaleux dans cette hypothèse, notamment parce que les équilibres futurs du monde reposent sur une coopération toujours plus étroite entre l'Europe et les États-Unis dans les domaines de la politique, de l'économie et de la défense, ce qui présuppose une certaine affinité en ce qui concerne les grandes lignes des modèles d'interprétation de la société. »

Cette proclamation du président de la Commission européenne a le mérite de souligner la liaison intrinsèque des enjeux culturels avec les relations politiques et militaires, et l'inanité d'une souveraineté culturelle des États européens qui résisterait à leur vassalisation politique et militaire. Mais elle retient, conjointement, combien les États-Unis restent la « référence unitaire pour l'Europe », confirmant en quelque sorte le verdict de l'essayiste américain James P. Rubin : « En termes de capacité militaire, de force économique et de puissance de nos idées et de notre culture, nous sommes la seule superpuissance du monde. »

4. **Vers de nouvelles conceptualisations de l' « exception » culturelle.** – De ces différents constats, il ressort, d'une part, que les enjeux culturels contemporains dépassent le seul domaine de l'audiovisuel et du cinéma, et, d'autre part, qu'ils méritent mieux qu'un simple statut d'exception au sein d'un système de libéralisation commerciale, même s'il s'est imposé en termes d'opportunité tactique.

Les limites et les contradictions inhérentes à l'exception culturelle ont commencé, au cours des dernières années, à apparaître aux observateurs les plus attentifs. Un certain nombre d'initiatives, de déclarations, de forums de réflexion, ont commencé à s'orienter vers la contestation du cadre même de l'OMC comme enceinte adéquate pour débattre du statut de la culture et des échanges culturels et à préconiser la désignation d'une instance alternative. Celle-ci permettrait, conjointement, de s'émanciper de la problématique, par trop restrictive de l'exception dont les prémisses épistémologiques s'avèrent très contestables[1] : la libéralisation de la santé, ou de l'éducation, ne présente-t-elle pas des risques sociétaux au moins aussi graves que celle de la culture, ou de l'audiovisuel ? Jusqu'où faudrait-il alors multiplier les exceptions ?... C'est dans ce contexte qu'ont été, en particulier, réactualisés le rôle de l'UNESCO et la promotion, par celle-ci, de la notion de diversité culturelle.

Mais ainsi que cela a été précédemment évoqué, et eu égard aux enjeux en cause, la porte est étroite et il convient, assurément, de ne pas lâcher la proie pour l'ombre : le concept de diversité culturelle a été immédiatement saisi par la Communauté européenne pour occulter ses propres contradictions sur le sujet et réaliser un consensus *a minima* ; il a surtout été capté par Jean-Marie Messier, porte-parole d'une multinationale de la communication, pour en faire une machine de guerre contre l'exception culturelle et les dispositifs juridiques afférents. La diversité culturelle est, en effet, conforme aux exigences de la diversité des mar-

1. Une telle sortie de l'OMC renouerait avec la logique de l'exclusion culturelle précédemment défendue.

chés qui caractérise les multinationales et se trouve au cœur même de leur stratégie.

Elle constitue ainsi un concept en trompe l'œil avant même d'avoir attesté un quelconque effet vertueux. Au sens où elle a été dégagée par l'UNESCO, sur le modèle de la biodiversité, elle se contente de rendre compte d'une donnée de la nature, la diversité étant la condition même du vivant, sans exprimer le moindre volontarisme ou dynamique en défense contre l'hégémonie unipolaire dont elle constituerait l'antidote. Sur le terrain sémantique, le concept de pluralisme culturel est, vraisemblablement, plus adapté, pour exprimer des choix collectifs, de construction volontaire, dans le cadre d'une modalité d'organisation spécifique, échappant conjointement au dogme préalable de l'échange marchand qui structure l'OMC et à l'exclusivité des États ou *a fortiori* des intégrations économiques supranationales fondées sur les mêmes dogmes, qui y siègent, et prendre en compte ces opinions publiques, organisations professionnelles et mouvements citoyens sans lesquels les enjeux de l'exception culturelle n'auraient probablement pu être sauvegardés.

Mais de telles perspectives, et les recherches qu'elles requièrent, dépassent le présent propos et appellent une autre construction doctrinale...

BIBLIOGRAPHIE

P. J. Benghozi, *Le cinéma entre l'art et l'argent,* L'Harmattan, 1989.

L. Creton, *Cinéma et marché,* Armand Colin, 1997.

C. Doutrelepont (sous la dir. de), *L'Europe et les enjeux du GATT dans le domaine audiovisuel,* Bruylant, 1994.

J. Farchy, *La fin de l'exception culturelle ?,* Éd. CNRS, 1999.

P. Flichy, *Les industries de l'imaginaire,* PUG, 1980.

J.-M. Frodon, *L'âge moderne du cinéma français*, Flammarion, 1995.

A. Mattelart, *La mondialisation de la communication*, PUF, « Que sais-je ? », n° 3181, 2e éd., 1998.

Université de Poitiers, *L'audiovisuel et le GATT,* PUF, Actes du Juriscope, 93, 1995.

O. Vaslet, *Le système de défense d'intérêts des organisations professionnelles patronales du cinéma français sous la Ve République,* thèse, Toulouse, 2001.

J.-P. Warnier, *La mondialisation de la culture,* Éd. La Découverte, 1999.

TABLE DES MATIÈRES

Introduction 3

PREMIÈRE PARTIE

LES ENJEUX DE L'EXCEPTION CULTURELLE

Chapitre I – **Aux origines de l'exception culturelle** 11

I. Le GATT et l'extension du libre-échange, 11 : 1. La construction néolibérale de l'après-guerre, 12 ; 2. L'*Uruguay Round* et la libéralisation des services, 14 ; 3. L'implication des services audiovisuels et cinématographiques, 15 ; 4. L'opposition des conceptions américaine et européenne, 17 – II. De l'exception française à l'exception culturelle, 19 : 1. La théorisation politique des services publics, 19 ; 2. Exception culturelle et politiques culturelles, 20 ; 3. Exception culturelle et industries culturelles, 22 ; 4. Une « exception » conforme au droit commun des productions culturelles, 23 – III. Genèse de l'exception cinématographique française, 25 : 1. De la marchandise à l'œuvre cinématographique, 25 ; 2. Organisation corporative et premiers contingentements, 27 ; 3. Les accords Blum-Byrnes, 29.

Chapitre II – **Les systèmes de régulation, objets de l'exception culturelle** 32

I. Le compte de soutien financier, 32 : 1. Les sources du financement, 33 ; 2. Les bénéficiaires du soutien et les conditions de nationalité, 35 ; 3. Soutien automatique et soutien sélectif, 38 ; 4. Du cinéma à l'audiovisuel, 40 – II. Les obligations des chaînes de télévision, 42 : 1. Les obligations à l'égard du cinéma, 42 ; 2. Les œuvres audiovisuelles et la directive européenne « Télévision sans frontières », 43 ; 3. Les financements européens : Media et Eurimages, 46 ; 4. Les obligations plus strictes du droit français, 48 ; 5. Les quotas d'œuvres audiovisuelles françaises et communautaires, 49 ; 6. Les obligations de financement, 51 – III. Une variété de dispositifs culturels complémentaires, 52 : 1. De l'IFCIC aux SOFICA, 52 ; 2. La place des télévisions de service public, 53 ; 3. Le régime des droits d'auteurs, 55.

DEUXIÈME PARTIE

LA MISE EN ŒUVRE DE L'EXCEPTION CULTURELLE

Chapitre I – **Un argument en défense contre les menaces de la libéralisation** 61

I. Les principes de libéralisation de l'OMC, 61 : 1. Libéralisation progressive et transparence, 61 ; 2. Principe de la nation la plus favorisée, 63 ; 3. Principes du traitement national et de l'accès au marché, 64 ; 4. Les modes de fourniture des services, 66 ; 5. Obligations générales et engagements spécifiques, 69 – II. Les modalités de la défense européenne, 70 : 1. De la France à la Commission européenne, 71 ; 2. Caractère global de la négociation et consensus, 75 ; 3. L'exception culturelle entre spécificité et exclusion, 77 – III. Les acquis de l'exception culturelle, 84 : 1. L'absence d'engagements européens de libéralisation, 85 ; 2. L'ambiguïté des acquis, 86.

Chapitre II – **Limites et contradictions de l'exception culturelle** 88

I. Des assauts de l'AMI aux risques de diversion de la diversité culturelle, 88 : 1. La radicalité du projet d'AMI, 90 ; 2. Le retour de l'exception culturelle et son inadaptation, 92 ; 3. Le rejet de l'AMI et l'échec subséquent de Seattle, 94 ; 4. Les nouvelles données de la négociation, 95 ; 5. De l'exception culturelle à la diversité culturelle, 97 ; 6. Changement sémantique ou stratégique, 99 ; 7. Les risques d'offensives périphériques à l'audiovisuel, 102 – II. La déstabilisation de Canal Plus et des financements du cinéma, 104 : 1. L'exception culturelle et Canal Plus, 105 ; 2. Les nouvelles stratégies résultant de la fusion Vivendi-Universal, 107 ; 3. La remise en cause de l'exception culturelle, 110 ; 4. Les hypothèques des droits de retransmission sportive et la concurrence satellitaire, 112 – III. Une exception audiovisuelle en quête de cohérence culturelle, 113 : 1. La culture réduite à l'audiovisuel, 114 ; 2. Des pratiques audiovisuelles singulièrement émancipées de la culture, 116 ; 3. L'interdépendance des questions culturelles, politiques et économiques, 119 ; 4. Vers de nouvelles conceptualisations de l'« exception » culturelle, 121.

Bibliographie 124

Imprimé en France
Imprimerie des Presses Universitaires de France
73, avenue Ronsard, 41100 Vendôme
Août 2002 — N° 49 451